중국신문에 훤해지는 급소표현 67가지 -

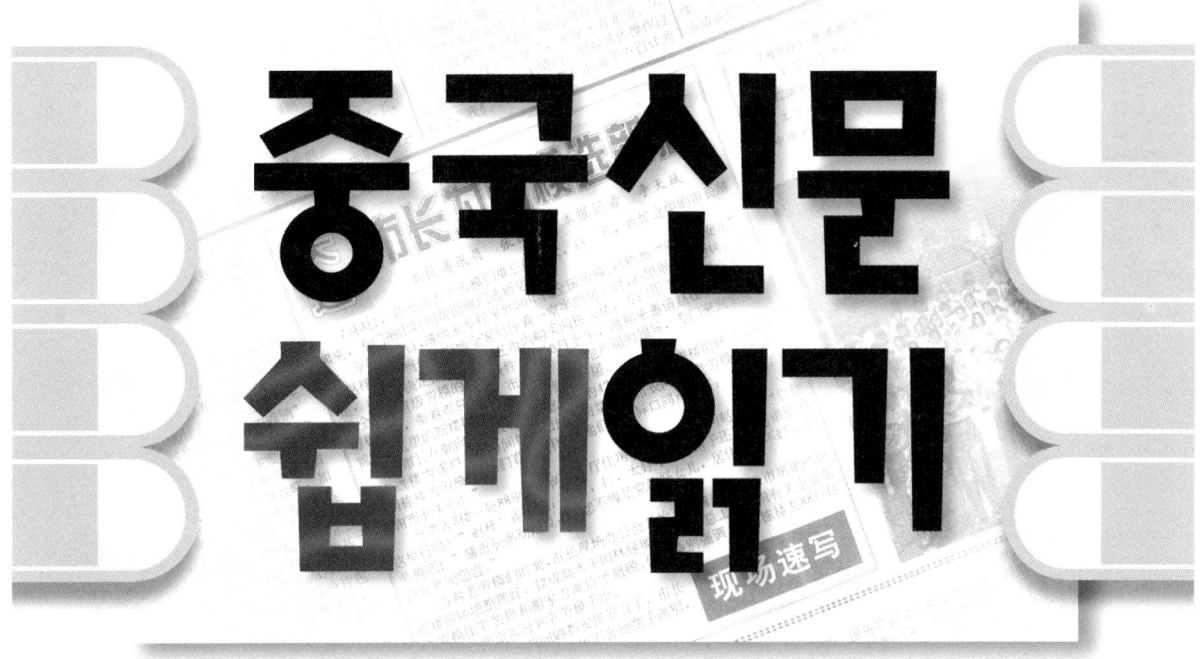

중국신문 쉽게읽기

● 施光亨·王紹新 編著 / 金經一 譯 ●

www.chinasisa.com

본서는 중국어 신문을 읽는 능력・기술을 높이기 위한 교재이다. 기본적인 문법을 마스터하고 2500여 개 단어를 습득한 학습자를 대상으로 하고 있다.

신문은 매일 끊임없는 대량의 정보를 제공하며 그 사회 현실을 반영하기 때문에 특히 외교관계, 무역, 매스컴 등의 직업에 종사하는 사람에게는 해당국의 신문읽기 능력을 높이는 것이 매우 중요한 문제이다. 신문을 읽으려면 거기에 사용되는 독특한 문체와 특수한 표현, 어구, 문형 등을 알아야 한다.

수많은 중국어교재 중에서 신문을 통한 학습교재는 그리 많지 않다. 게다가 현재 나와있는 교재는 신문의 기사 그대로를 텍스트로 해서 주석과 연습을 붙인 것이 대부분이다. 이를 접하는 학습자는 갑자기 대량의 문장과 대면해야하는 부담을 갖는데, 이에 편자는 그 전단계로서의 입문교재가 필요하다고 생각했다.

본서는 신문에 자주 이용되는 어구・문형에 중점을 두고 17개의 테마별로 관련있는 기사와 연습을 중심으로 구성했다. 그 외에「小知识」을 두어, 텍스트의 내용 이해를 높이고, 관련된 지식을 습득할 수 있도록 배려했다. 본서의 부록으로는 각 테마에 대해 2, 3편의「短文」을 수록했다. 여기에서는 본문에서 배운 어구・문형을 이용했을 뿐만 아니라 그것을 더욱 발전시켜 내용을 정리한 것으로, 학습한 어구・문형이 실제 기사 속에서 어떻게 쓰였는지 그 사용법을 알 수 있도록 했다. 교실에서 시간의 여유가 있을 경우, 학습자에게 여력이 남아 있을 경우 본문과 맞추어서 이용하면 한층 더 효과적이다.

각 과의 본문과「短文」는 모두 신문에서 발췌한 것인데, 문장의 뜻이 통하는 범위내에서 읽기 쉽도록 또한 분량이 교실에서의 학습자에게 적당하도록 일부를 생략했다.

신문의 뉴스로서의 새로움과 교재로서의 안정성은 영원히 모순된 것이다. 본서를 사용어구・문형을 중심으로 편집한 것은 어느 정도 신문의 수명을 극복하기 위한 것이다. 기사를 선택함에 있어서는 변동이 크다고 생각되어지는 사항, 센세이셔널한 돌발적 사건 등은 피하고, 사용빈도가 낮은 어구는 거의 쓰지 않았다.

본서는 완전히 새로운 교재를 목적으로 한 것으로 불충분한 점도 있다고 생각된다. 독자의 지적을 기다린다.

편자에게 많은 도움과 격려를 아끼지 않았던 여러분들께 이 장을 빌어 감사의 말씀을 드린다.

編者

중국어를 공부하면서 중국 신문 읽기 과정에 들어섰다는 것은 참으로 축하할 만한 일이다.

그것은 중국어 능력이 상당한 수준에 들어섰음을 뜻하기 때문이기도 하지만, 이제 정말 중국에 대해 무언가를 논의해 볼 수 있는 수준에 들어섰음을 나타내기 때문이다.

중국 신문을 읽으며 중국과 관련된 시사문제를 논의할 수 있으려면 우선은 중국에 관한 잡다한 상식이 필요하다. 물론 동아시아의 사회와 문화, 나아가 세계적 흐름을 동시대적으로 파악하려는 노력도 필요하지만 무엇보다 중요한 것은 중국 사회의 백그라운드, 즉 역사적 문화적 배경에 대한 이해다.

중국 신문을 읽으면서 아직도(?) 뻣뻣한 사전을 뒤적이며 스스로 보아도 어색한 해석을 일삼는 친구들에게는 벅찬 이야기겠지만 중국 신문은 사전보다는 중국의 역사와 문화에 대한 풍부한 이해와 감각에 의존해서 읽어야 하는 대상이다. 차차 느끼겠지만 중국인들이 사용하는 단어들이 그야말로 시공을 뛰어넘으며 의사를 전달하고 있기 때문에 웬만한 중국어 실력으로는 가슴을 치기 일쑤다. 또 중국 신문 특유의 긴 문장 형태는 채팅에 익숙한 요즘 젊은이들에게는 거의 인내력 배양을 위한 프로그램 정도로까지 인식될 것이다. 또 끝없이 이어지는 형용사들로 구성된 사회주의 국가 특유의 선언적 내용들 역시 우리들에게는 익숙하지 않은 것들이다. 하지만 어쩌랴. 바로 그것이 중국인 것을.

상투적인 이야기지만 이 책은 그야말로 정치, 경제, 사회, 문화에 대한 다양한 분야를 모두 망라했고 단어 또한 골고루 담았다. 따라서 한 권을 차분히 읽어낸다면 상당한 시사 감각을 얻을 수 있을 것이고 관련 용어들을 이해할 수 있을 것이다. 그리고 그러한 이해를 바탕으로 나름의 'insight'가 길러질 수 있을 것으로 기대해본다. 따라서 부디 책의 앞 페이지만 새까맣게 만들지 않게 되기를 진심으로 바란다.

또 하나, 이 책이 줄 수 있는 부수적 효과는 CCTV의 뉴스를 듣는 데도 많은 도움을 줄 것이라는 점이다. 경험자들은 잘 알고 있는 사실이지만 〈런민르빠오〉 등의 기사문은 CCTV의 그것들과 대단히 유사하다. 따라서 CCTV에 관심이 있는 사람들에게는 보조 자료의 역할도 충분히 할 수 있을 것이다.

어설픈 번역을 가지고 너무 의미 부여하는 듯한 감도 없진 않지만 중국 'specialist'를 꿈꾸는 젊은이들에게 작은 도움으로 기억되기를 바랄 뿐이다.

책의 교정과 편집에 너무나 많은 공을 들인 편집부 관계자에게 지면을 통해 감사의 뜻을 전한다.

물론 번역상의 잘못은 전적으로 내 탓이다. 겸허하게 독자들의 질책을 기다리겠다.

aoxkim@smuc.sangmyung.ac.kr

2000. 1. 시애틀에서
譯者

목차

1. 访问和会谈 — 7
2. 会议 — 17
3. 政治 — 25
4. 统计 — 33
5. 经济 — 41
6. 工业 — 49
7. 农业 — 57
8. 交通、邮电 — 65
9. 商业 — 73
10. 对外贸易与经济合作 — 81
11. 教育、科技、文化 — 87
12. 体育 — 99
13. 卫生 — 107
14. 人口和人口政策 — 115
15. 环境保护 — 125
16. 国际 — 133
17. 因特网和信息社会 — 141

附录 — 150

- 본 교재의 17과는 역자가 구성한 내용입니다.
- 본 교재의 사진은 인민일보, 아주주간 및 중국대사관 자료를 인용했습니다.

본문

1. 방문

> **(1) 应~邀请，~对~进行~访问**
> ~의 초청을 받아, ~가 ~에서 ~방문을 진행했다
>
> **国事访问**　　**正式访问**　　**友好访问**　　**工作访问**
> 국빈방문　　　정식방문　　　우호적인 방문　　실무방문

1. 外交部发言人今天下午在记者招待会上宣布：**应**国家主席江泽民(Jiāng Zémín)的**邀请**，德意志联邦共和国总统罗曼·赫尔佐克(Luómàn Hè'ěrzuǒkè)将于11月18日**对**中国**进行国事访问**。

2. 中国全国人大常委会委员长乔石(Qiáo Shí)，圆满结束了对伊朗历时三天的**正式友好访问**，今天上午九时十五分(当地时间)乘专机离开德黑兰。伊朗议长等到机场为乔石一行送行。

3. **应**国务院副总理兼外交部长钱其琛(Qián Qíchēn)的**邀请**，俄罗斯联邦外交部长叶夫根尼·马克西莫维奇普里马科夫(Yèfūgēnní·Mǎkèxī mòwéiqí Pǔlǐmǎkēfū)将于11月17日至19日**对**中国**进行正式访问**。

4. 李光耀(Lǐ Guāngyào)**应**中国政府**邀请**于8月3日抵达青岛，开始**对**中国**进行工作访问**。

 **단어**

- 应[邀请] yìng[yāoqǐng] 초청에 응하다
- 发言人 fāyánrén 대변인
- 委员长 wěiyuánzhǎng 위원장
- 结束 jiéshù 끝나다
- 为期 wéiqī ~기한의
- 议长 yìzhǎng 의장
- 送行 sòngxíng 전송하다

- 国事访问 guóshìfǎngwèn 국빈방문
- 招待会 zhāodàihuì 기자회견
- 圆满 yuánmǎn 원만하게
- 历时 lìshí ~기간의
- 专机 zhuānjī 전용기
- 一行 yìxíng 일행

〔专名〕
- 德意志联邦共和国 Déyìzhì Liánbāng Gònghéguó 독일연방공화국
- 全国人[民代表]大[会]常[务]委[员]会 Quánguó Rén[mín Dàibiǎo]Dà[huì] Cháng[wù] Wěi[yuán]huì 전국인민대표대회상무위원회
- 伊朗 Yīlǎng 이란
- 德黑兰 Déhēilán 테헤란
- 俄罗斯联邦 Éluósī Liánbāng 러시아연방
- 青岛 Qīngdǎo 칭다오

번역

1. 외교부 대변인은 오늘 오후 기자회견을 통해, 국가 주석 찌앙저민의 초청에 의해 독일 연방공화국 로만 헤르쵸크 대통령이 오는 11월 18일 중국을 국빈방문하게 될 것이라는 소식을 발표했다.
2. 중국 전국인민대표대회 상무위원회의 치야오스 위원장이 3일간의 이란 방문을 우호적으로 마치고 오늘 오전 9시 15분(현지 시각) 전용기 편으로 테헤란을 떠났다. 이란의 의장 등이 비행장에 나와 치아오스 일행을 전송했다.
3. 국무원 부총리겸 외교부장인 치엔치천의 초청에 따라, 러시아연방의 예프케니 마크시모비치 푸리마코푸 외교부장은 오는 11월 17일부터 19일까지 중국을 정식방문하게 될 것이다.
4. 리광야오는 중국정부의 초청으로 8월 3일 칭다오에 도착, 중국에서의 실무방문을 시작했다.

(2) 邀请~访问，~接受了邀请
~의 방문을 초청하였고, ~는 초청을 받아들였다

1 库昌(Kùchāng)总统**邀请**中华人民共和国主席江泽民在方便的时候**访问**斯洛文尼亚。江泽民主席对此表示感谢并**接受了邀请**。

2 会见时，乔石委员长代表李鹏(Lǐ Péng)总理**邀请**土耳其总理埃尔巴坎(Āi'ěrbākǎn)在他方便时的候**访问**中国。埃尔巴坎感谢李鹏总理对他的访华邀请，他表示将在最短的时间内实现访华。

단어

- **总统** zǒngtǒng 대통령
- **方便** fāngbiàn 편리하다

〔专名〕
- **斯洛文尼亚** Sīluòwénníyà 슬로바니아
- **土耳其** Tǔ'ěrqí 터어키

번역

1 쿠창 대통령은 찌앙저민 주석이 편리한 시기에 슬로바니아를 방문해 주도록 초청했다. 찌앙저민 주석은 이에 대해 감사를 표시하며 초청을 받아들였다.

2 회담이 진행되는 동안. 치야오스 위원장은 리펑 총리를 대신해 알바칸 터어키 총리가 편리한 시기에 중국을 방문해 줄 것을 요청했다. 알바칸 총리는 리펑 총리가 자신을 중국으로 초청한 데 대해 감사하면서, 최대한 빠른 시간내에 중국방문을 실행할 것임을 밝혔다.

2. 회담

> **(1) 在~气氛中**
> ~한 분위기 속에서
>
> **友好的气氛**　　　　**坦率的气氛**　　　　**亲切的气氛**
> 우호적인 분위기　　　솔직한 분위기　　　　따뜻한 분위기

1　双方**在友好的气氛中**进行了交谈。

2　双方在**友好、坦率的气氛**中广泛交换了看法。

3　会见是在**亲切友好的气氛**中进行的。

> **(2) 有助于~**　　　**有利于~**　　　**促进了~**
> ~에 도움이 되다　　~에 유익하다　　~을 촉진하다

1　这次访问**有助于**推动日中关系的进一步恢复和发展。

2　领导人的接触和交谈**有利于**相互之间的了解,**有利于**相互关系的发展。

3　双方高层领导人的经常接触**促进了**相互了解和友谊,对两国关系的发展起了重要作用。

 단어

- 气氛 qìfēn 분위기
- 交谈 jiāotán 의견을 나누다
- 看法 kànfǎ 견해, 의견
- 有利于 yǒulìyú ~에 유익하다
- 推动 tuīdòng 추진하다
- 接触 jiēchù 접촉하다
- 坦率 tǎnshuài 솔직하다
- 广泛 guǎngfàn 광범위하게
- 有助于 yǒuzhùyú ~에 도움이 되다
- 促进 cùjìn 촉진하다
- 恢复 huīfù 회복하다

번역

(1) 1 양측은 우호적인 분위기 속에서 이야기를 나누었다.
    2 양측은 우호적이고 솔직한 분위기 속에서 폭넓게 의견을 나누었다.
    3 회담은 우호적이고 따뜻한 분위기 속에서 진행되었다.

(2) 1 이번 방문은 일중 관계가 더한층 회복되고 발전하는 데 도움을 줄 것이다.
    2 지도자들의 접촉과 의견교환은 서로를 이해하는 데 도움을 줄 것이며 상호관계의 발전에 유익하다.
    3 양측 고위층 지도자들의 잦은 접촉은 상호간의 이해와 우의를 촉진시킬 것이며 양국관계발전에 중요한 역할을 하게 될 것이다.

> (3) 会谈　　　　会见　　　　接受采访
> 　　회담　　　　회견　　　　인터뷰에 응하다
>
> 就~问题举行会谈 / 交换意见(看法) / 进行交谈 / 回答提问
> ~문제를 놓고 회담을 진행하다 / 의견을 교환하다 / 의견을 나누다 / 질문에 답하다

1. (标题)江泽民**会见**日本客人
   吴仪(Wú Yí)与英国工贸大臣**会谈**
   乔石**接受**德国《商报》记者**采访**

2. 今天下午,江泽民主席与马里总统科纳雷(Kēnàléi)在人民大会堂**举行会谈**。

3. 宾主双方**就**共同关心的国际和地区**问题交换**了**看法**,并取得了广泛的共识。
   宾主**就**世界和亚太地区形势、双边关系等**问题进行**了友好的**交谈**。

4. 双方在友好和建设性的气氛中**就**双边关系**进行**了深入**讨论**。两位外长就两国关系阐述了各自的立场,达成了一些共识。

5. **就**中美关系、台湾、香港**问题**中日关系等问题**回答**了记者的**提问**。

 **단어**

- 采访 cǎifǎng 인터뷰
- 提问 tíwèn 질문
- 共识 gòngshí 공통 인식
- 双边 shuāngbiān 양측
- 阐述 chǎnshù 밝히다
- 就 jiù ～에 대해서

- 工贸大臣 gōngmào dàchén 무역산업부 장관
- 形势 xíngshì 형세
- 建设性 jiànshèxìng 건설적인
- 立场 lìchǎng 입장

〔专名〕
- 《商报》 Shāngbào '비지니스 뉴스'
- 马里 Mǎlǐ 마리
- 亚太地区 Yàtài dìqū 아시아 태평양 지역
- 人民大会堂 Rénmín Dàhuìtáng 인민대회당

번역

(3) 1 [타이틀] 찌앙저민 일본 인사 접견
우이와 영국 무역산업부 장관 회담
치아오스, 독일 '비지니스 뉴스' 기자의 인터뷰에 응하다.

2 오늘 오후, 찌앙저민 주석과 마리의 코나르 대통령은 인민대회당에서 회담을 진행했다.

3 두 나라 양측 관계자들은 공동관심사인 국제문제와 지역문제에 대해 의견을 교환했으며, 광범위한 측면에서 인식을 같이 했다.
두 나라는 세계와 아시아 태평양 지역 형세, 두나라의 접경관계 등의 문제에 대해 우호적으로 의견을 교환했다.

4 양측은 우호적이고 건설적인 분위기 속에서 두나라 접경관계에 대해 깊이 있는 토론을 했다. 두 나라 외교부 장관은 양국관계에 있어서 각자의 입장을 밝혔으며 일부 인식을 같이 하기도 했다.

5 중미관계, 타이완, 홍콩 문제, 중일관계 등 문제에 대해 기자들의 질문에 답했다.

1. 다음 구문을 읽어보고 뜻을 설명해 보세요.

    (1) 国事访问　　正式访问　　友好访问　　正式友好访问
    　　工作访问　　私人访问
    　　进行访问　　应邀访问
    (2) 两国关系　　双边关系　　友好关系　　国际关系
    (3) 友好的气氛　坦率的气氛　亲切的气氛　诚挚的气氛

2. 표시된 말에 주의하면서 아래 문장들을 읽어보세요.

    (1) ・江主席将**出访**亚洲四国
    　　・**圆满结束对**智利(Zhìlì)共和国的正式**访问**　李鹏总理**抵达**巴西(Bāxī)**访问**
    　　・尼泊尔(Níbó'ěr)国王比兰德拉(Bǐlándélā)应中华人民共和国主席江泽民的**邀请**,**对**中国**进行**了为期一周的**访问**后于一日回国

    (2) ・乔石**同**土耳其议长**会谈**　双方认为应把两国友好关系推向新阶段
    　　・中意(= 意大利Yìdàlì)两国总理**举行会谈**

    (3) ・乔石分别**与**土耳其总统总理**会见**　希望保持两国高层互访促进双边关系
    　　・陈慕华(Chén Mùhuá)**会见**日本客人

    (4) ・科特迪瓦(Kētèdíwǎ)总统**接见**上海市政府代表团
    　　・叶选平(Yè Xuǎnpíng)**拜会**阿盟秘书长
    　　・乔石**看望**我驻约旦(Yuēdàn)使馆人员

    (5) ・委内瑞拉(Wěinèiruìlā)卡尔德拉(Kǎ'ěrdélā)总统**欢宴**李鹏总理
    　　　李鹏总理举行**答谢招待会**
    　　・阿根廷(Āgēntíng)总统**到**中国使馆**做客**

小知识

1. 중국의 통신사

- **新华社**

    정식 명칭은 '新华通信社'. 중화인민공화국의 국영통신사로 본사는 베이징에 있다. 국내의 신문, 라디오, TV 방송국에 사진과 뉴스를 제공하는 한편 각국어로 외국에도 뉴스와 사진을 보내주고 있다.

- **中国新闻社**

    약칭은 '中新社'. 해외 화교 뉴스를 주로 다루는 통신사로 1952년 10월 1일 문을 열었다. 소재지는 베이징.

2. 중국의 신문

'人民日报' 1996년 9월 27일자 뉴스에 의하면 현재 중국에서 발행되고 있는 신문은 모두 2202종에 달하며 신문의 명칭을 통해 신문의 성격을 대략 짐작할 수 있다. 중국의 신문은 크게 전국지, 지방지, 전문지 3종류로 나눌 수 있다. 전국적인 신문으로 최대의 권위지는 '人民日报'다. 중국공산당 중앙위원회의 기관지로 해외판의 경우는 국외 독자를 대상으로 하고 있다. 또 중국공산당 중앙위원회가 펴내는 또 하나의 전국지로 '光明日报'가 있다. 국내외의 주요 뉴스는 물론, 교육, 과학기술, 보건, 문화, 체육 등의 분야를 보도하고 있다. 'China Daily'는 영자 신문이다. 지방지로는 각 행정지역 중국공산당의 감독 아래 발행되는 다음과 같은 신문들이 있다. 대부분 지역 명칭을 사용하고 있다.

- 北京日报
- 浙江日报
- 新华日报 [찌앙수]
- 大众日报 [산동]
- 天津日报
- 解放日报 [상하이]
- 南方日报 [광동]
- 长江日报 [우한]

전문지의 경우, 대상독자를 명칭으로 하는 경우와 전문분야를 명칭으로 하는 두가지 경우가 있다.

- 工人日报 [중화 전국 총공회 발행]
- 解放军报 [중앙군사위원회 발행]
- 中国妇女报 [중화 전국 부녀연합회 발행]
- 中国教育报 [국가교육위원회 발행]
- 国际商报 [대외무역경제합작부 발행]
- 科技日报 [국가과학기술위원회, 국방과학기술공업위원회 발행]
- 农民日报 [중국공산당 중앙농촌정책연구실 발행]
- 中国青年报 [중국공산당 청년단 중앙위원회 발행]
- 经济日报 [국무원 발행]
- 中国体育报 [국가체육운동위원회 발행]

석간은 주요 발행지역의 명칭을 따서 이름을 만드는 경우가 많다.

- 北京晚报
- 羊城晚报 [羊城은 广州의 별명]
- 榕城晚报 [榕城은 福州의 별명]
- 今晚报 [천진]
- 新民晚报 [상해]

1. 회의의 개최

> **(1)** (会议)[于] ~ 在 ~ 举行 / 开幕 / 闭幕
> (회의가) [~에] ~에서 개최되었다 / 개막되었다 / 폐막되었다
>
> ~[于] ~ 在 ~ 召开(会议)
> ~는 ~[에] ~ 에서 (회의를) 개최하였다

1 中国共产党第十四届中央委员会第六次全体**会议**,**于**1996年10月7日至10日**在**北京**举行**。

2 八届全国人大常委会第二十二次**会议**今天上午**在**京**开幕**。

3 为期四天的中国国民党革命委员会第八届中央委员会第五次全体**会议**,今天**在**北京**闭幕**。会议选举何鲁丽(Hé Lǔlì)为民革第八届中央委员会主席。

4 国务院今天**在**京**召开**全国水利工作**会议**。

단어

- 闭幕 bìmù 폐막하다
- 届 jiè ~기(뒤에 次가 올 때), ~차
- 召开 zhàokāi 개최하다
- 水利 shuǐlì 수리사업

〔专名〕

- [国]民[党]革[命委员会] [Guó]mín[dǎng] Gé[mìng Wěiyuánhuì]
  국민당 혁명위원회

번역

1 중국공산당의 제14기 중앙위원회 제6차 전체회의가 1996년 10월 7일에서 10일까지 베이징에서 개최되었다.
2 제8기 전국인민대표대회 상무위원회의 제22차 회의가 오늘 베이징에서 개막되었다.
3 4일 기한의 중국국민당 혁명위원회 제8기 중앙위원회 제5차 전체회의가 오늘 베이징에서 폐막되었다. 회의 참석자들은 허루리를 중국국민당 혁명위원회 제8기 중앙위원회 주석으로 선출했다.
4 국무원은 오늘 베이징에서 전국 수리업무 회의를 개최했다.

번역포인트

원문을 보지 않는다.
중국어의 단어에 지나치게 얽매이지 마라. 중국어의 단어가 한자로 이루어진 것임에는 틀림없지만 중국어는 외국어다. 한자의 쓰임새에 얽매이다 보면 번역이 아니라 반역이 되고 만다.
철저하게 뜻을 옮기되 표현은 과감하게 하라.

❷ 会议

(2) 会议由~主持
회의는 ~가 주재하였다

~主持会议
~가 회의를 주재하였다

出席 / 列席会议的~
회의에 출석 / 참석한 ~

~出席 / 列席了会议
~는 회의에 출석 / 참석하였다

1. **出席**这次(中共十四届六中**全会**)的中央委员181人,候补中央委员124人。中央纪律检查委员会委员和有关方面负责同志**列席会议**。**全会由**中央政治局**主持**。中央委员会总书记江泽民同志作了重要讲话。

2. 中共中央政治局常委、全国政协主席李瑞环(Lǐ Ruìhuán)**主持会议**。全国政协副主席~和秘书长~**出席了会议**。

 **단어**

- 主持 zhǔchí 주재하다
- 候补 hòubǔ 후보
- 负责同志 fùzé tóngzhì 책임자
- 总书记 zǒngshūjì 총서기
- 列席 lièxí 참석하다
- 有关 yǒuguān 관련된
- 政治局 zhèngzhìjú 정치국
- 秘书长 mìshūzhǎng 비서장, 사무장

〔专名〕
- 中国人民政治协商会议 Zhōngguó Rénmín Zhèngzhì Xiéshāng Huìyì 중국인민정치협상회의
- 中央纪律检查委员会 Zhōngyāng Jìlǜ Jiǎnchá Wěiyuánhuì 중앙기율검사위원회

번역

1. 이번(중국공산당 제14기 중앙위원회 제6차 전체회의)에 참석한 중앙위원은 181명이며, 후보 중앙위원은 124명이다. 중앙기율검사위원회 위원과 관련 기관의 책임자들이 회의에 참석했다. 전체회의는 중앙정치국이 주재했다. 중앙위원회의 찌앙저민 총서기는 중요한 의견을 발표했다.
2. 중국공산당 중앙정치국 상무위원이며 전국 정치협의회 주석 리뢰이환이 회의를 주재했다. 전국 정치협의회 부주석과 비서장 등이 회의에 출석했다.

2. 회의의 의사일정

> **(1)** 会议的任务 / 内容 / 议题 / 主题是~
> 회의의 임무 / 내용 / 의제 / 주제는 ~이다

1　这次常委**会议**的主要**任务**是学习贯彻中共十四届六中全会通过的《中共中央关于加强社会主义精神文明建设若干问题的决议》。

2　**会议**的主要**内容**是学习贯彻中国共产党十四六中全会精神。

3　"展望21世纪论坛"首次**会议**的主要**议题**是：展望21世纪世界的亚洲和中国。

4　第十三届国际档案**大会**的**主题**是：本世纪末的档案工作－回顾与展望。

> **(2)** 听取、审议~　　通过~　　审查、批准~
> ~를 듣고 심의하다　~를 통과시키다　~를 심사하고 승인하다

1　这次会议的中心议题是：**听取**和**审议**关于国民经济和社会发展十年规划和第八个五年计划纲要的报告，**审查**、**批准**十年规划和"八五"计划纲要。

2　本次会议**通过**了四个法律，初步**审议**了两个法律草案，还**听取**和**审议**了关于减轻农民负担问题等三个报告。

3　全会**审议**并**通过**《关于召开党的第十五次全国代表大会的决议》，确定党的十五大于明年下半年在北京举行。

 **단어**

- 议题 yìtí 의제
- 贯彻 guànchè 관철하다
- 精神文明 jīngshén wénmíng 정신문명
- 展望 zhǎnwàng 전망
- 档案 dàng'àn 문서
- 审议 shěnyì 심의하다
- 批准 pīzhǔn 비준하다, 승인하다
- 规划 guīhuà 계획
- 草案 cǎo'àn 초안
- 负担 fùdān 부담

- 主题 zhǔtí 주요 의제
- 关于 guānyú ~과 관련된
- 精神 jīngshén 정신
- 论坛 lùntán 논단, 대토론
- 听取 tīngqǔ 듣다, 청취하다
- 通过 tōngguò 통과하다, 통과시키다
- 国民经济 guómínjīngjì 국민경제
- 纲要 gāngyào 주요 내용, 요강
- 减轻 jiǎnqīng 경감하다
- 确定 quèdìng 확정하다

번역

(1) 1 이번 상무위원회의 주요 임무는 중국공산당 제14기 중앙위원회 제6차 전체 회의에서 통과된 '중국공산당 중앙위원회의가 결의한 사회주의 정신문명건설 강화에 따른 몇몇 사안'을 학습하고 관철시키는 것이다.

2 회의의 주요 내용은 중국공산당 제14기 중앙위원회 제6차 전체 회의의 정신을 학습하고 관철시키는 것이다.

3 "21세기를 전망하는 대토론" 첫 번째 회의의 주요 의제는 '21세기의 아시아와 중국 미래의 전망' 이었다.

4 제13차 국제문서대회의 주제는 '금세기 말의 문서 업무의 회고와 전망' 이었다.

(2) 1 이번 회의의 중심 의제는 국민경제와 사회발전 10년 계획, 그리고 제8차 5개년 계획의 주요 내용에 관련된 사항을 듣고 심의함과 동시에, 10년 계획과 '제8차 5개년 계획'의 주요 내용을 심사하고 승인하는 것이다.

2 이번 회의는 4개의 법률을 통과시켰고, 2개 법안의 초안을 1차 심의했으며, 또한 농민부담의 경감문제에 관한 3개의 보고를 듣고 심의했다.

3 전체 회의는 '당의 제15차 전국대표대회 개최에 관한 결의'를 심의 통과시켰으며 당의 제15차 전국대표대회를 내년 하반기에 베이징에서 개최하기로 확정했다.

1. 다음 구문을 읽어보고 뜻을 설명해 보세요.

   (1) 举行会谈   召开会议   主持会议
       会议开幕   出席会议   列席会议
   (2) 会议认为   会议指出   会议要求
       会议决定   会议号召   会议强调
   (3) 学习讨论   听取审议   审议通过
       审查批准   贯彻执行   贯彻落实

2. 다음 문장을 읽고 번역해 보세요.

    来自全国各地的中国作家协会四届四次理事会的100多位理事, 听取并审议了中国作协书记处常务书记张锲代表书记处作的关于作协五代会筹备工作的报告, 通过了大会议程(草案)、大会主席团组成方案和建议名单, 通过了大会秘书长、副秘书长的建议名单。会议认为各项筹备工作仔细扎实, 中国作协第五次全国代表大会可以如期召开。

小知识

1. 중국의 국가기관

- **全国人民代表大会 (全国人大)**
  중화인민공화국의 최고국가권력기관이다. 여기의 대표는 선거에 의해 선출되며 임기는 5년이며, 회의는 1년에 한 번 개최된다. 常务委员会는 상설기관으로 全国人民代表大会에 대해 책임을 지며 모든 활동을 보고하게 된다. 위원장은 常务委员会의 활동을 주재한다.

- **全国人民政治协商会议 (政协, 人民政协)**
  중국공산당의 지도 아래 있는 애국통일전선조직으로 공산당이 지도하는 여러 정당과의 협력과 정치협상을 주도한다. 全国委员会, 地方委员会와 함께 1954년까지는 여러 측면에서 人民代表大会의 직무를 대행하기도 했다.

- **中华人民共和国国务院, 中央人民政府**
  최고 국가 행정기관으로 총리, 부총리, 국무위원, 각부 장관, 각 위원회 주임으로 구성되어 있다.

- **中央军事委员会**
  전국의 군사력을 통솔한다. 全国人大에서 선출되며 全国人大와 常务委员会에 대해 책임을 지며 자체 활동을 보고해야 한다.

2. 中央纪律检查委员会

中国共产党中央纪律检查委员会 (中纪委)는 중국공산당의 조직과 당원들의 규율을 관리하고 조사하는 기관이며, 모든 활동은 中央委员会의 지도를 받는다.

… 政治

1. 통치와 통치 이념

(1) 以~为代表 / 核心 / 中心
~을 대표로 / 핵심으로 / 중심으로

1 为寻找一条在中国建设社会主义的正确道路，**以**毛泽东(Máo Zédōng)、周恩来(Zhōu Ēnlái)、刘少奇(Liú Shàoqí)、朱德(Zhū Dé)、邓小平(Dèng Xiǎopíng)、陈云(Chén Yún)等同志**为代表**的中国共产党人，已经探索多年。**以**江泽民同志**为核心**的第三代领导人继续在探索中前进。

2 要继续坚持**以**经济建设**为中心**，下大气力提高经济效益。

단어

- 以 ~ 为 yǐ~wéi ~을 ~로 삼다
- 寻找 xúnzhǎo 찾다
- 代 dài 세대
- 气力 qìlì 노력, 힘
- 核心 héxīn 핵심
- 探索 tànsuǒ 탐색하다
- 坚持 jiānchí 견지하다
- 效益 xiàoyì 효율

번역

1. 중국에서 사회주의를 건설할 수 있는 올바른 길을 찾기 위해 마오쩌뚱, 쩌우언라이, 리유싸오치, 쭈더, 떵샤오핑, 천원 동지 등을 대표로 하는 중국공산당 당원들은 수년간 모색을 해왔다. 찌앙저민 동지를 핵심으로 하는 제3세대 영도자들은 탐색을 계속하면서 전진하고 있다.
2. 경제건설을 중심으로 하는 (정책을) 계속 견지하기 위해서는 커다란 노력을 기울여 경제효율을 높여야 한다.

짧게 잘라라.
중국인의 글쓰기는 우리와 다르다. 특히 관방 문서의 문장 형태는 위엄과 권위 때문에 형용사를 많이 사용하고 긴 문장을 수시로 구사한다. 그러나 사실 내용은 동격의 입장에서 잘라 볼 수 있는 것들이다. 문맥이 망가지지 않는 범위에서 과감하게 잘라라. 보다 멋진 문장이 될 것이다.

(2) 在~领导/指引下
~의 영도 아래 / 지도 아래

1. 中共十一届三中全会以来，我国人民**在**中国共产党的**领导下**，以经济建设为中心，坚持四项基本原则，坚持改革开放，开创了建设有中国特色的社会主义道路，社会主义现代化建设取得了巨大的成就。

2. 中国共产党十一届三中全会以来，全国人民**在**党的"一个中心，两个基本点"的基本路线**指引下**，胜利地实现了我国社会主义现代化建设的第一步战略目标。

3. **在**"一国两制"的方针**指引下**，有广大香港同胞的积极参与，香港的平稳过渡和长期繁荣稳定一定会实现。

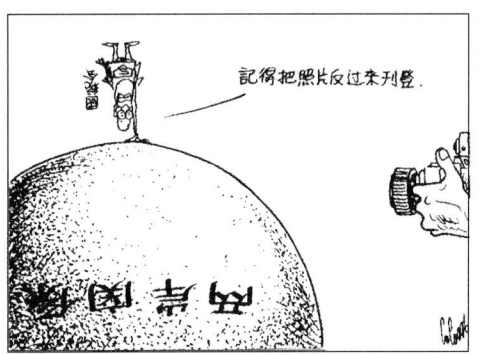

 **단어**

- **在 ~ 下** zài~xià ~ 아래
- **开创** kāichuàng 시작하다, 개척하다
- **路线** lùxiàn 노선
- **参与** cānyù 참여하다
- **稳定** wěndìng 안정
- **指引** zhǐyǐn 지도하다, 이끌다
- **成就** chéngjiù 성과, 성공
- **战略** zhànlüè 전략
- **过渡** guòdù 이양, 지나다

번역

1. 중국공산당의 제11기 중앙위원회 제3차 회의 이래, 우리나라 국민들은 중국공산당 영도 아래 경제건설을 중심으로 하면서 4개의 기본 원칙을 견지해 나갔다. 또 개혁개방을 견지해 나가고 중국적 특색을 담은 사회주의 건설의 길을 새로 여는 등 사회주의 현대화건설에 있어서 커다란 성취를 이루었다.
2. 중국공산당의 제11기 중앙위원회 제3차 회의 이후, 전국의 국민들은 당의 '하나의 중심, 두 개의 기본 포인트'라는 기본 노선의 지도 아래 우리나라 사회주의 현대화건설에 필요한 전략적 목표의 첫걸음을 승리적으로 실현해냈다.
3. '1국 2체제' 방침의 지도 아래 홍콩동포들의 적극적인 참여로, 홍콩의 평온한 이양과 장기적인 번영, 그리고 안정은 반드시 실현될 것이다.

2. 목표와 임무

(1) 目标 / 根本任务是 ~
목표 / 근본 임무는 ~ 이다

1. 今后十年的**目标**,**是**努力使全国人民的生活达到小康水平。

2. 社会主义精神文明建设的**根本任务**,**是**培养有理想、有道德、有文化、有纪律的社会主义公民,提高整个中华民族的思想道德素质和科学文化素质。

(2) ~是~关键 / 保证 / 重要内容 / 首要问题
~가 ~의 관건 / 보증 / 주요내용 / 가장 중요한 문제이다

1. 加强和改善中国共产党的领导,**是**社会主义事业不断前进、保证十年规划和"八五"计划顺利实现的**关键**。

2. 1987年,中共十三大又明确提出共产党领导的多党合作和政治协商制度**是**我国一项基本政治制度,并把坚持和完善这一制度作为我国政治体制改革的一项**重要内容**。

3. 国家的统一,民族的团结,**是**我们各项事业取得成就的重要**保证**。

4. 密切各族人民的关系,加强各族人民的团结,认真贯彻党的民族政策,始终**是**西藏必须非常重视的**首要问题**。

단어

- 小康 xiǎokāng 기본적인 의식주의 해결
- 纪律 jìlǜ 준법정신, 준법태도
- 关键 guānjiàn 관건
- 加强 jiāqiáng 강화하다
- 顺利 shùnlì 순조롭다
- 合作 hézuò 협력하다
- 密切 mìqiè 가까이 하다, 돈독히 하다
- 培养 péiyǎng 길러내다
- 素质 sùzhì 수준, 소양
- 首要 shǒuyào 가장 중요한, 첫 번째의
- 不断 búduàn 지속적으로, 부단히
- 多党 duōdǎng 다당제의
- 完善 wánshàn 완전하도록 개선하다
- 始终是 shǐzhōngshì 언제나 ~이다

〔专名〕
- 中华民族 Zhōnghuá Mínzú 중화민족
- 西藏 Xīzàng 티벳

번역

(1) 1 향후 10년간의 목표는 전국 국민들의 생활이 기본적인 의식주 문제를 해결하는 수준에 도달하도록 노력하는 것이다.
2 사회주의 정신문명 건설의 근본 임무는 이상, 도덕, 문화, 준법정신을 갖춘 사회주의 공민을 길러내고 전체 중화민족의 사상과 도덕 수준, 그리고 과학문화 수준을 높이고자 하는 것이다.
(2) 1 중국공산당의 지도를 강화하고 개선하는 일은 사회주의 사업을 지속적으로 진행해나가고 10년 계획과 '제8차 5개년 계획'이 순조롭게 실현되도록 하는 관건이다.
2 1987년, 중국공산당 13기 대회에서는, 공산당이 영도하는 다당협력과 정치협상제도가 우리 나라의 기본적인 정치제도이며, 이러한 제도를 견지하고 올바로 개선해 나가는 것이 우리 나라 정치제도 개혁의 중요한 내용임을 분명히 제시했다.
3 국가의 통일, 민족의 단결은 우리의 각종 사업의 성공을 보장할 수 있는 중요한 것이다.
4 각 소수민족간의 관계를 돈독히 하고 각 소수민족의 단결을 강화하는 등으로 당의 민족정책을 진지하게 관철해 나가는데 있어서, 티벳은 언제나 반드시 중시해야 할 첫 번째 문제이다.

❸ 政治

1. 다음 구문을 읽어보고 뜻을 설명해 보세요.

　⑴　社会主义方向　　社会主义道路　　　社会主义制度
　　　社会主义事业　　社会主义建设　　　社会主义初级阶段
　⑵　现代化建设　　　精神文明建设　　　物质文明建设
　⑶　以经济建设为中心　　坚持四项基本原则
　　　坚持改革开放
　⑷　坚持党的领导　　坚持社会主义　　　坚持四项基本原则
　　　坚持改革开放　　坚持以经济建设为中心
　　　坚持把思想工作放在首位
　⑸　加强领导　　　　加强团结　　　　　加强思想政治工作
　⑹　贯彻政策　　　　贯彻会议精神　　　落实政策
　　　落实社会精神
　⑺　国家统一　　　　民族团结　　　　　一国两制

2. 다음 문장을 읽고 번역해 보세요.

　　好多年来, 在许多会议上和文件上, 都在讲"两个文明一起抓"; 但是实际上, 有许多领导者, 是把经济建设当作"硬任务", 把精神文明建设当作"软任务", 形成"一条腿长, 一条腿短"的状况。

　　自从党的十三届四中全会以来, 以江泽民同志为核心的党中央, 改变了这种局面, 发出了一系列关于精神文明建设的指示。最近召开的全国精神文明活动会议, 总结、交流了经验, 研究了加强思想道德建设, 这对全国的精神文明建设是一个有力的推动。

小知识

1. 중국공산당 제11기 중앙위원회 제3차 회의
[中国共产党第十一届三中全会]
1978년 12월18일부터 22일까지 베이징에서 개최되었다. 회의에서는 '문화대혁명'의 잘못을 철저히 반성함과 동시에 중국공산당의 마르크스노선을 새롭게 확립하기 위해 사업의 핵심을 사회주의 현대화에 두기로 결정했다. 현대 중국의 정치와 사회적 변혁을 이끈 중요한 전환점이었다.

2. 하나의 중심, 두 개의 기본 포인트
["一个中心, 两个基本点"和"四项基本原则"]
경제건설을 중심(一个中心)으로 하면서 4개의 기본원칙(四项基本原则)과 개혁개방의 두 방향(两个基本点)을 견지해간다는 것이 중국공산당의 현재까지의 기본방침이다. 4개의 기본원칙(四项基本原则)이란 사회주의 노선, 프롤레타리아 독재, 공산당의 영도, 마르크스 레닌주의, 毛泽东사상의 4개 사항을 의미한다.

3. 1국2체제
[一国两制]
하나의 국가에서 2개의 제도를 시행한다는 의미로, 邓小平이 중국의 현실을 기반으로 평화통일을 실현해보고자 하는 구상이다. 그 기본 내용은 다음처럼 요약할 수 있다. 우선 하나의 중국이라는 전제 아래 국가의 주체는 사회주의제도를 견지한다. 그러나 홍콩, 마카오, 타이완 등 중국과 갈라질 수 없는 지역은 특별행정구로 지정, 자본주의제도의 실시를 장기적으로 보장해 준다는 것이다. 물론 국제사회에서 중국을 대표하는 것은 중화인민공화국이 된다.

4. 중국 신문의 편집과 구성
《人民日报》의 경우, 월요일부터 금요일까지는 12면, 토요일은 8면, 일요일은 4면이다. 다른 신문들의 경우, 4면부터 12면까지 다양하다. 지면의 제목은 각 면의 구석에 써넣는다. 《人民日报》의 지면 내용은 다음과 같다. 1면과 4면은 要闻으로 중요 뉴스를 다룬다. 2면은 经济, 3면은 政治,法律,社会, 5면은 教育,科技,文化, 6면과 7면은 国际, 8면은 体育, 9면은 理论, 读者来信(독자투고), 读者之友(독자의 친구), 10면은 문학과 예술 방면의 기사, 그리고 11면은 学术动态로 불리는 국내정치면, 12면은 副刊으로 부록 등을 다루고 있다. 지면과 달리 칼럼도 중국신문에서는 중요한 역할을 한다. 칼럼은 대부분 뉴스를 해설하거나 독자들의 시선을 끌만한 내용들을 흥미있게 다룬다. 《人民日报》의 경우 社论에서 중국공산당의 여러 정책이나 사상 등을 밝히게 되는데 중국공산당의 공식입장을 이해할 수 있다는 점에서 중요하다고 하겠다.

1. 퍼센트

为 / 达 ~ , 占 ~
~이다 / ~에 달하다 / ~를 점유하고 있다

1. 目前,天津市6岁以上具有各种文化程度的人口**为**699万2317人,**占**总人口的79.59％。

2. 我国少数民族人口**达**1亿多,**占**全国总人口的8.98％,民族地区面积**占**全国总面积的64％。

중국의 소수민족

단어

· 总 zǒng 모두

번역

1 현재 티엔진 시 여섯 살 이상된 사람으로 여러 가지 문화적 소양을 갖춘 (일반적으로 초중고 교육 정도를 받은) 인구는 699만 2317명으로 전체 인구의 79.59%이다.
2 우리 나라 소수민족 인구는 약 1억이 넘어 전체 인구의 8.98%를 점하고 있으며, 소수민족들의 각 지역 면적들은 전국 총면적의 64%에 달한다.

번역포인트 비율 또는 액수의 증가나 감소와 관련된 어휘를 다룰 때에는 해당 %나 단위가 '변화폭'인지 증가 또는 감소된 '구체적 수치'인지를 잘 확인해야 한다. 대부분 수치 앞의 '到'의 유무가 중요한 변수가 된다.

2. 증가

> **(1) 达到~, 比~ 增长~**　　　　**增[长] 幅[度]**
> ~에 달하여, ~보다 ~ 증가했다　　증가폭
>
> **比~ 翻~ 番**
> ~보다 ~배 증가했다

1. 当月出口总值141亿美元, **比**上年同月**增长**12.8％, **增幅**比上月提高11.5个百分点。

2. 中医药学是我国传统文化的重要组成部分。据不完全统计, 1988年以后, 来华学习中医药的留学生人数**达**14700人次, 是1988年以前来华学习中医药的留学生总人数的36倍。

3. 太行山区阳谷庄村乡以98万元的投入, 获得了3330万元的经济效益, 三年迈出三步, 产值**翻**了**两番**。

> **(2) 从~ 增加到~**　　　　**上~ 台阶**
> ~에서 ~로 증가했다　　~한 단계로 상승했다

1. 1995年, 这个矿务局上缴的利税**从**1985年的3337万元**增加到**8340万元, 为国家作出了重大贡献。

2. 全球水产品总产量1950年只有2000万吨, 到60年代就迈**上**了5000万吨的**台阶**, 目前达到了1亿吨的水平。

 **단어**

- 增长 zēngzhǎng 증가하다
- 翻~番 fān~fān ~배로 증가하다
- 值 zhí 가치, 수치
- 百分点 bǎifēndiǎn 퍼센트
- 据 jù ~에 의하면
- 迈 mài 향하다, 매진하다
- 台阶 táijiē 단계
- 上缴 shàngjiǎo 상부 기관에 바치다
- 水产 shuǐchǎn 수산업 생산
- 吨 dūn 톤

- 幅[度] fú[dù] 폭
- 出口 chūkǒu 수출
- 美元 měiyuán 달러
- 中医药学 zhōngyīyàoxué 중국 한의학
- 投入 tóurù 투입하다
- 产值 chǎnzhí 생산액
- 矿务局 kuàngwùjú 광무국(광산업무 담당기관)
- 利税 lìshuì 이윤과 세금
- 产量 chǎnliàng 생산량

〔专名〕

- 太行山 Tàihángshān 타이항 산
- 阳谷庄乡 Yánggǔzhuāng xiāng 양구쭈왕 향

번역

(1) 1 이번 달의 수출 총액은 141억 달러로 작년 같은 달에 비해 12.8% 증가했다. 증가폭은 지난 달보다 11.5% 가 올랐다.

2 중국 한의학은 우리 나라 전통문화의 중요한 구성부분이다. 불확실한 통계에 의하면, 1988년 이후 중국에 한의학을 배우러 온 유학생 수는 14700 명에 달해, 1988년 이전에 중국에 한의학을 배우러 온 총학생 수의 약 36 배가 된다.

3 타이항 산 지역의 양구쭈앙 향은 98만 원의 투자로 3330만 원의 경제 효율을 얻어 3년간 커다란 진전을 보였으며, 생산성은 네배가 증가했다.

(2) 1 1995년, 이 광무국이 상급 기관에 낸 세금이득은 1985년의 3337만 원에서 8340만 원으로 증가해 국가에 크게 공헌했다.

2 1950년, 전세계 수산업 총생산량은 단지 2000만 톤에 불과했으나 60 년대에 이르자 5000만 톤의 단계로 뛰어올랐으며, 현재에는 1억 톤의 수준에까지 도달했다

3. 감소

> **(1) 比 ~ 下降 ~**　　　　**与 ~ 相比, 下降 ~**
> ~보다 ~ 떨어지다　　　　~와 비교해 볼 때 ~ 떨어졌다

1　由于部分旅客转向汽车和飞机, 今年1-6月份, 全国铁路客运量为4.48亿人次, **比**去年同期**下降**14%。

2　值得注意的是: **与**去年同期**相比**, 彩电的进口量**下降**了46.5%。

> **(2) 从 / 由 ~ 下降 / 减少 / 降低到 ~**　　**回落 ~**
> ~부터 / ~부터 떨어지다 / 감소하다 / ~로 떨어지다　　~로 도로 떨어지다

1　文盲占总人口的比例**由**建国初的80%**下降到**1995年的12.1%, 青壮年中的文盲率已降到7%以下; 全国8个省、直辖市、118个县(市、区)基本扫除了青壮年的文盲。

2　**从**1978年到1995年, 全国农村贫困人口从2.5亿人**减少到**6500万人, **由**占世界贫困人口的1/4**降低到**1/20, 这是一个巨大的历史成就。

3　8月份, 国有企业[完成增加值]比上年同月增长3.1%, 比7月份增长速度**回落**1.5个百分点。

단어

- 下降 xiàjiàng 떨어지다, 내려가다
- 客运量 kèyùnliàng 여객 수송량
- 彩电 cǎidiàn 컬러 TV
- 回落 huíluò 도로 떨어지다
- 青壮年 qīngzhuàngnián 청장년
- 直辖市 zhíxiáshì 직할시
- 贫困 pínkùn 빈곤
- 企业 qǐyè 기업
- 相比 xiāngbǐ 서로 비교해보다
- 人次 réncì 명수
- 进口 jìnkǒu 수입하다
- 文盲 wénmáng 문맹
- 率 lǜ 비율, 율
- 扫除 sǎochú 해소하다
- 国有 guóyǒu 국영

번역

(1) 1 일부 여객들이 자동차와 비행기로 돌아서는 바람에 금년도 1월에서 6월까지의 전국 철도여객 수송량은 4억4천8백만 명에 이르러, 작년 같은 기간에 비해 14%가 떨어졌다.

2 주의해야 할 것은 작년 같은 기간과 비교해 볼 때 컬러 TV의 수입량이 46.5% 떨어졌다는 점이다.

(2) 1 문맹이 전체 인구에서 차지하는 비율은 건국 초기의 80%에서 1995년의 12.1%로 떨어졌다. 청장년의 문맹률은 7% 이하로 떨어졌다. 전국적으로 8개의 성과 직할시, 118개의 현(시, 구) 등의 경우는, 기본적으로는 청장년의 문맹을 해소시켰다.

2 1978년부터 1995년까지 전국 농촌의 빈곤층 인구는 2억5천만 명에서 6500만 명으로 감소했다. 이는 세계 빈곤 인구의 4분의 1을 차지하는 것에서 20분의 1로 떨어진 것으로 대단한 역사적 성과이다.

3 8월의 경우, 국영기업의 '성장수치'는 작년 같은 달보다는 3.1% 증가한 것이지만, 7월의 성장속도에 비해서는 1.5% 도로 떨어졌다.

1. 다음의 어휘와 숫자를 아래 문형 속에 넣어 연습하세요.

~产量1990年达到(为)~,比上年增长(减少)~%

	1990年	比上年(%)
粮食总产量	43500万吨	6.7%
棉花产量	447万吨	18.1%
布产量	180亿米	-4.9%
电视机产量	2662万部	-3.8%

2. 다음 빈칸에 알맞은 어휘를 찾아넣으세요.

比   增长   增加   占   同期   下降

(1) 全公司销售(xiāoshòu)收入由1984年的1920万元,增长到1995年的4.5亿元,_____了22倍多。

(2) 油料全年播种(bōzhòng)面积比去年减少825万亩,_____4.2%。

(3) 据民政部统计,1995年,我国离婚对数已达105.5万对,突破百万大关,_____上年的97.1万对_____了7.4万对,是同年结婚人数的11.3%。据报载,北京市的离婚人数_____当年结婚人数的25%。

(4) 今年前三个季度(jìdù)香港旅游收入达610亿元,比去年_____上升16.5%,再创新纪录。

小知识

1. 중국의 5개년 계획

중국정부는 계획적인 경제건설을 위해 1953년부터 국민경제와 사회발전을 위한 5개년 계획을 실시하고 있다. 그 시기는 다음과 같다.

- 제1차 : 1953-1957
- 제2차 : 1958-1962
- 제3차 : 1966-1970
- 제4차 : 1971-1975
- 제5차 : 1976-1980
- 제6차 : 1981-1985
- 제7차 : 1986-1990
- 제8차 : 1991-1995
- 제9차 : 1996-2000

제~차의 5개년 계획 실시 기간을 '~五期间'이라 부른다.

2. 중국사회주의 현대화의 전략목표

중국 사회주의 현대화의 전략목표는 신중국 수립부터 약 100년간 지속될 국가 현대화의 실현에 있다. 1982년에 세운 목표는 구체적인 1단계로 80년말 국민총생산을 10년전 1980년의 2배로 만들어 주택을 제외한 의와 식의 문제를 해결한다는 것이다. 제2단계는 다시 10년 뒤, 그러니까 금세기 말까지 국민총생산을 또 2배로 증가시킨다는 것으로 이 때까지 중류 생활 수준을 실현시킨다는 것이다. 제3단계는 21세기 중엽까지 1인당 국민총생산을 개발도상국 수준으로까지 끌어올려, 국가의 현대화를 기본적으로 완성한다는 것이다.

3. 중국공산당과 정부기관의 약칭

(1)
- 党中央 ← 中国共产党中央委员会
- 中委 ← 中央委员会, 中央委员
- 中办 ← 中国共产党中央委员会办公厅
- 中组部 ← 中共中央组织部
- 中宣部 ← 中共中央宣传部
- 中联部 ← 中共中央联络部
- 中直机关 ← 中共中央直属机关
- 党委 ← 中国共产党委员会
- 省/市/县委 ← 中国共产党省/市/县委员会

(2)
- 国办 ← 国务院办公厅
- 国家计委 ← 国家计划委员会
- 国家教委 ← 国家教育委员会
- 国家科委 ← 国家科学技术委员会
- 国家体委 ← 国家体育运动委员会
- 国家语委 ← 国家语言文字工作委员会
- 计生委 ← 计划生育委员会
- 经贸部 ← 对外贸易经济合作部
- 石化部 ← 石油化学工业部
- 民航局 ← 中国民用航空总局
- 旅游局 ← 国家旅游局

(3)
- 总政 ← 中国人民解放军总政治部
- 总参 ← 中国人民解放军总参谋部
- 总后 ← 中国人民解放军总后勤部

"总政、总参、总后"를 "解放军三总部"라 부른다.

5 经济

1. 국민경제의 지표

(1) 国民生产总值　　　国内生产总值　　　可比价格
　　　国민총생산　　　　　국내총생산　　　　불변가격

1　实行改革开放的18年以来，中国的**国民生产总值**保持了年均9%以上的增长速度。

2　1995年**国内生产总值**达57277.3亿元，按**可比价格**计算，提前五年实现了翻两番的目标。

(2) 总产量　　　总产值
　　　총생산량　　　총생산액

1　中国依靠自己的力量，解决了人民的吃饭问题。1995年中国粮食**总产量**达到4.66亿多吨，比1949年增长三倍，远远高于同期人口的增长幅度。

2　今年天津开发区已实现国内生产总值93.6亿元、工业**总产值**331亿元、利润37.5亿元、出口额9.8亿元。

 **단어**

- **国民生产总值** guómín shēngchǎn zǒngzhí 국민총생산
- **国内生产总值** guónèi shēngchǎn zǒngzhí 국내총생산

```
           国内生产总值增长示意图 (单位: 亿元)
1978  ▬ 3,624.1
1985  ▬▬ 8,964.4
1990  ▬▬▬▬ 18,547.9
1995  ▬▬▬▬▬▬▬▬▬▬▬ 58,478.1
1998  ▬▬▬▬▬▬▬▬▬▬▬▬▬▬▬ 79,552.8
```

- **可比价格** kěbǐ jiàgé 불변가격
- **依靠** yīkào 의존하다
- **开发区** kāifāqū 개발지구
- **粮食** liángshi 식량
- **~额** é ~액

번역

(1) 1 개혁 개방이 실행된 지 18년, 중국의 국민총생산은 연평균 9% 이상의 성장속도를 유지하고 있다.

2 1995년 국내총생산은 5조 7277억 3천만 원에 달해 불변가격으로 계산해 볼 때 5년 앞당겨 네 배의 목표를 달성했다.

(2) 1 중국은 스스로의 힘으로 국민들의 식량문제를 해결했다. 1995년 중국의 식량 총생산량은 4억 6천 6백만 톤으로 1949년에 비해 3배 증가해 같은 기간의 인구 증가폭을 훨씬 상회했다.

2 올해 티엔진 개발지구는 이미 국내총생산액 93억 6천만 원, 공업총생산액은 331억, 이윤은 37억 5천만 원, 수출액은 9억 8천만 원을 달성했다.

 **번역포인트**

시제의 결정. 중국 문장 번역의 난제인 시제는 특히 경제 관련 기사에서 많이 볼 수 있다. 그러나 중국인들이 중국 관련 기사를 쓸 때 대부분 선언적인 내용이나 희망사항을 많이 담는 경향을 고려하면서 번역할 경우, 조금은 부담을 덜 수 있다. 시제 결정은 관련된 어휘가 보이지 않을 경우, 앞 뒤 문맥을 보고 결정해야 한다. 특히 3단계로 구성되어, 과거, 현재, 그리고 미래의 희망이나 예측으로 이어지는 경우가 많으니 적당하게 시제를 나누어야 할 것이다.

❺ 经济

(3) 总水平   **人均收入**
평균치   1인당 평균수입

1. 10月份全国商品零售价格**总水平**比去年同期上升4.7%，比今年9月份下降0.3%。

2. 据统计，1995年辽宁省农村居民家庭**人均**纯**收入**为1756.5元，高于全国平均水平，今年预计为2050元。

(4) 国际收支   **出 / 进口货物总额**   **入 / 出超**
국제수지   수출 / 입화물 총액   수입 / 수출 초과

1. **国际收支**显著改善：去年**出口货物总额**为六百二十亿六千万美元，进口五百三十三亿五千万美元，出大于进，扭转了1984年以来连年入超状况。

 **단어**

- 人均 rénjūn 1인당 평균
- 上升 shàngshēng 상승하다
- 纯 chún 순
- 货物 huòwù 화물, 상품
- 扭转 niǔzhuǎn 뒤집다

〔专名〕
- 辽宁省 Liáoníng Shěng 리아오닝 성

- 零售 língshòu 소매
- 居民 jūmín 주민
- 预计 yùjì 예상하다
- 入超 rùchāo 수입초과

번역

(3) 1 10월달 전국 소매상품 가격의 평균치는 작년 같은 기간에 비해 4.7% 상승했으며 올해 9월달보다는 0.3% 떨어졌다.
   2 통계에 의하면, 1995년 리아오닝 성 농촌주민 가정의 1인당 평균순수입은 1756.5원으로 전국의 평균 수준보다 높으며, 올해는 2050원으로 예측된다.

(4) 1 국제수지의 현저한 개선: 작년 수출화물의 총액은 620억 6천만 달러, 수입은 533억 5천만 달러로 수출이 수입을 초과해 1984년 이후 지속되어 온 수입초과 상황을 뒤집었다.

2. 경제발전

(1) 发展模式	国情
발전모델	국내환경
经济体制	社会主义市场经济
경제체제	사회주의시장경제

1 各国情况不尽相同,不可能有统一的**发展模式**,各国都要根据自己的**国情**决定自己的发展道路。

2 当前的中国正在大力推进现代化进程,实现建立和完善**社会主义市场经济体制**的目标,到下世纪中叶赶上或超过中等发达国家的水平。

| (2) 公有制 | 国有经济 | 个体经济 | 私营经济 |
| 공유제 | 국유경제 | 개인소유경제 | 사유경제 |

1 改革开放以来,中国在坚持社会主义**公有制**为主体的前提下,允许**个体经济、私营经济**和其他经济成分的发展,这也是我国经济改革的一项重要措施。

2 国有企业改革是中国经济体制改革的中心环节。几年来,我们对市场经济条件下国有经济的有关问题进行了重大而艰难的探索。

3 我们必须十分重视科学技术进步,继续贯彻"经济建设必须依靠科学技术,科学技术必须面向经济建设"战略方针。

단어

- 模式 móshì 모델
- 体制 tǐzhì 체제
- 推进 tuījìn 추진하다
- 中叶 zhōngyè 중엽, 중반기
- 发达国家 fādá guójiā 선진국
- 国有经济 guóyǒujīngjì 국유경제
- 私营经济 sīyíng jīngjì 사유경제
- 面向 miànxiàng 직시하다, 바라보다
- 国情 guóqíng 국내정세, 국내환경
- 市场经济 shìchǎng jīngjì 시장경제
- 进程 jìnchéng 과정
- 超过 chāoguò 초과하다
- 公有制 gōngyǒuzhì 공유제
- 个体经济 gètǐ jīngjì 개인경제
- 措施 cuòshī 조치
- 环节 huánjié 고리, 일부, 중심 고리

번역

(1) 1 각 나라의 상황은 서로 다르기 마련으로 통일된 발전 모델을 마련하기는 불가능하다. 각국은 자신의 국내정세에 근거하여 자신들 발전의 길을 결정해야 한다.
2 현재 중국은 대대적으로 현대화 과정을 추진하면서 사회주의 시장경제체제의 목표를 건립하고 완성시켜 다음 세기 중엽에는 중등 수준의 개발도상국 수준에 도달, 또는 그 수준을 뛰어넘게 될 것이다.

(2) 1 개혁개방 이후, 중국은 사회주의 공유제의 기틀을 전제로 개인소유경제, 사유경영체제 그리고 기타 경제 요소들의 발전을 허가했는데, 이는 우리 나라 경제개혁의 중요한 조치이다.
2 국영기업의 개혁은 중국경제 개혁의 중심 고리이다. 최근 몇 년 간 우리는 시장경제의 환경 속에서 발생하는 국유경제의 몇몇 문제들에 대해 심각하고도 쉽지 않은 탐색을 해오고 있다.
3 우리는 반드시 과학기술의 진보를 비중있게 다룸과 동시에, "경제건설은 반드시 과학기술을 근거로 해야하며, 과학기술은 반드시 경제건설을 직시해야 한다."는 전략 방침을 지속적으로 관철시켜 나가야 한다.

❺ 经济

1. 다음 구문을 읽어보고 뜻을 설명해 보세요.

（1） 国民经济　　　　国民生产　　　　国民收入
（2） 国民生产总值　　国内生产总值　　工业生产总值
　　　农业生产总值　　国民收入总值
（3） 工业总产量　　　农业总产量　　　粮食总产量
（4） 经济成分　　　　国有经济　　　　集体经济
　　　私营经济　　　　个体经济　　　　其他经济成分
（5） 经济体制　　　　市场经济　　　　计划经济
　　　社会主义市场经济

2. 다음 문장을 읽고 번역해 보세요.

今年年初，中国制定了第九个五年计划和2010年远景目标。按照这个发展规划，到2000年，在全国人口比1980年增加三亿左右的情况下，将实现人均国民生产总值比1980年翻两番，人民生活达到小康水平，并初步建立社会主义市场经济体制。到2010年，将实现国民生产总值比2000年再翻一番。实现了上述目标，中国的综合国力和人民生活水平都将再上一个大台阶，为下个世纪中叶基本实现现代化奠定坚实的基础。

小知识

1. 국민경제의 지표와 용어해설

- **농공업생산액 [工农业总产值]**

  1년 동안 생산된 공업, 농업 생산품의 총액. 각종 생산품의 생산량을 가격으로 환산한 총액으로 '공장법'에 따라 계산을 하다보면, 공장간의 협력부분도 모두 중복계산하게 되어 실제 생산규모보다 커지게 된다.

- **사회총생산액 [社会总产值]**

  농업, 공업, 건축 그리고 교통운수, 우편, 통신, 상업, 음식업 등 5가지 생산부문의 생산총액. 중복계산분이 포함된다.

- **국민소득 [国民收入]**

  "国民收入生产额"로 위의 5가지 항목이 모두 포함된다. 노동자가 새롭게 창출해낸 가치를 계산에 넣으며 중복계산은 하지 않는다.

- **국민총생산 [国民生产总值]**

  어떤 국가나 지역이 일정기간 동안에 생산해낸 최종 생산물과 제공된 총노동량을 화폐로 나타낸 것. 위의 5가지 물질적 생산부문 외에 서비스, 공익사업, 금융보험업, 과학연구, 문화교육, 위생사업, 국가기관, 국방 등 비물질적 생산부문이 포함된다. 새로 증가된 가치만 계산에 넣으며 중복계산은 하지 않는다.

- **국내총생산 [国内生产总值]**

  나라의 영토를 기준으로 계산한다. 한 국가나 지역의 물질생산 부문과 비물질 생산부문이 일정기간내에 생산, 공급하여 최종적으로 사용된 제품과 서비스의 화폐가치를 뜻한다. 중국에서는 생산과정에 있어서의 물질의 소비가 비교적 많아 농공업 총생산액보다 서비스가 포함된 사회총생산액의 증가치가 낮은 편이다.

2. '发达国家', '发展中国家', '贫困国家'

이들 명칭은 세계 각국의 경제 상황을 표시하기 위해 사용하는 것들이다.

- **선진국 [发达国家]**

  고소득 국가로 1인당 국민총생산이 1992년 세계은행 지표로 12000달러 이상인 국가를 말한다. 공업화를 달성했음은 물론, 교육, 위생, 문화사업의 발전과 함께 사회간접시설 등이 정비된 국가로 서유럽, 미국, 캐나다, 일본, 오스트레일리아 등이 해당된다.

- **개발도상국 [发展中国家]**

  1인당 국민총생산이 1992년 세계은행 지표로 7510달러 이하인 국가가 해당된다. 공업화의 중간에 있으며 교육, 위생, 문화사업이 발전하는 과정에 있으며 사회간접시설 등이 충분히 정비되지 못한 국가들이다.

- **빈곤국가 [贫困国家]**

  1인당 국민총생산이 699달러 이하(1994년)로 평균수명, 평균 칼로리 섭취량, 자연환경, 취업상태 등이 열악하다. 1994년 UN이 인정한 빈곤국가는 모두 48개국으로 아프리카에 33개국, 아시아에 9개국, 아메리카에 1개국, 오세아니아에 5개국이 있다. (『人民日报』1995.3.5, 12.10)

1. 공업제품

~ 投产 / 问世	研制 / 开发 / 推出~
생산을 시작하다 / 선을 보이다	연구제작 / 개발 / 시장에 내놓다

1. [标题] 天津开发区两企业建成**投产**。
   瑞琪(Ruìqí)净水器在北京**问世**。

2. [简讯] 章光101集团**推出**美容护肤新品。北京章光明101集团日前又以我国中草药**研制**、**开发**出美容护肤新品。

 **단어**

- 投产 tóuchǎn 생산을 시작하다
- 研制 yánzhì 연구제작하다
- 净水器 jìngshuǐqì 정수기
- 美容 měiróng 미용
- 日前 rìqián 얼마전
- 问世 wènshì 시장에 선을 보이다
- 推出 tuīchū 시장에 내놓다
- 集团 jítuán 그룹
- 护肤 hùfū 피부보호
- 中草药 zhōngcǎoyào 한약재

번역

1 [제목] 티엔진 개발구의 2개 기업이 공장건설을 완료하고 생산을 시작했다.
  루에이치 정수기가 베이징 시장에서 선을 보였다.
2 [단신] 짱꽝101그룹은 새로운 피부보호용 미용제품을 시장에 내놓았다. 베이징 짱꽝 101그룹은 얼마전 또한번 우리 나라의 새로운 한약재로 피부보호용 미용제품을 연구개발해냈다.

 **번역포인트**
중복되는 형용사들에 너무 매달리지 말아라.
적당히 부사로도 바꾸고 다른 동사로도 대치하고 그래도 남아돌면 과감하게 버려라.

2. 경제체제

国有企业 / 工业	集体所有制企业 / 工业	乡镇企业 / 工业
국영기업 / 공업	집단소유제기업 / 공업	향진기업 / 공업

国有经济	非国有经济	公有制经济	集体经济
국유경제	비국유경제	공유제경제	집단경제

1. 要通过深化企业改革,加快转换企业经营机制,增强**国有企业**、**集体所有制企业**的市场竞争能力,保证**公有制经济**在国民经济中的主体地位,发挥**国有经济**在国民经济中的主导作用。

2. 10月份国有**工业**增长有所加快,比上年同月增长8.3%,为今年以来增幅最高的一个月。**非国有经济**继续快速增长。**集体经济**增长16.6%,其他经济**工业**增长11.5%。

3. 改革开放十年来,我国**乡镇企业**得到持续、快速、健康发展。去年全国**乡镇企业**已达到2203万个。今年1-9月,全国**乡镇工业**累计完成**工业**增加值5380亿元,比上年同期增长24.55%。

단어

- 集体 jítǐ 집단
- 乡镇 xiāngzhèn 향과 진(행정단위)
- 加快 jiākuài 가속화시키다
- 经营 jīngyíng 경영하다
- 竞争 jìngzhēng 경쟁
- 主导 zhǔdǎo 주도하다
- 所有制 suǒyǒuzhì 소유제
- 深化 shēnhuà 심화시키다, 강화하다
- 转换 zhuǎnhuàn 전환하다
- 机制 jīzhì 메카니즘, 구조
- 主体 zhǔtǐ 주체적인, 주도적인
- 累计 lěijì 누계하다, 쌓이다

번역

1. 기업개혁의 강화, 기업경영 구조 전환의 가속화 등을 통해 국영기업, 집단소유제기업들의 시장경쟁능력을 증가시켜, 공유제 경제가 국민경제 속에서 주도적인 위치를 차지할 수 있도록 보장해 국유경제가 국민경제 속에서 주도적 역량을 발휘하도록 해야 할 것이다.
2. 10월분 국영공업의 성장이 다소 빨라졌는데, 작년 같은 달보다 8.3% 증가해 금년 들어 성장폭이 가장 큰 달이 되었다. 비국유경제는 지속적으로 빠른 성장을 보여 집단경제의 경우 16.6%의 성장율을 보였으며 기타 공업경제 성장율은 11.5%에 달했다.
3. 개혁개방이 된 지 10여 년 동안 우리 나라 향진기업은 지속적이고도 빠르며 건강한 발전을 이룩했다. 작년까지 전국의 향진기업은 이미 2203개에 이르렀다. 올해 1월부터 9월까지 전국의 향진기업은 5380억원의 공업증가액을 쌓아올림으로서 작년 같은 기간에 비해 24.55%의 증가를 보였다.

3. 공업개혁

(1) **经济效益** **社会效益**
경제효율 사회효율

经营机制 **自主经营** **自负盈亏**
경영구조 자율경영 독립채산

商品生产者 **商品经营者**
상품생산 당사자 상품경영 당사자

1 对社会主义企业,乃至对我们社会主义国家的一切企业都应该提出**经济效益**和**社会效益**统一的要求。

2 各级领导务必高度重视经济发展中存在的困难、问题和矛盾,要采取切实有效措施,以提高**经济效益**为中心,集中力量搞活企业。

3 搞活企业的关键是转换**经营机制**,使企业真正成为**自主经营**、**自负盈亏**的社会主义**商品生产者**和**经营者**。

(2) **搞活分配** **计件工资** **奖金挂钩** **金额承包**
분배를 활성화하다 성과급 보너스를 제시하다 팀별 도급제

1 企业内部经济责任制,是我国10年改革中办好企业的一项基本的、富有成效的重要制度。

2 **搞活**职工**分配**,厂内实行**计件工资**、**奖金挂钩**、**金额承包**三种分配方式,有力地调动起职工的积极性。

 **단어**

- **自主** zìzhǔ 자주적, 자율적
- **改组** gǎizǔ 구조조정, 조직개편
- **兼并** jiānbìng 합병
- **力度** lìdù 힘, 강약
- **优化** yōuhuà 우량화하다
- **搞活** gǎohuó 활성화하다
- **奖金挂钩** jiǎngjīn guàgōu 보너스를 제시하다
- **富有成效** fù yǒu chéngxiào 대단히 효과적인
- **自负盈亏** zìfùyíngkuī 독립채산, 손익을 스스로 관리하는
- **破产** pòchǎn 파산, 퇴출
- **资产** zīchǎn 재산
- **采取** cǎiqǔ 채택하다
- **计件工资** jìjiàngōngzī 성과급
- **全额** quán'é 전액

번역

(1) 1 사회주의 기업, 나아가 우리들 사회주의 국가의 모든 기업들에 대해 경제효율과 사회효율을 함께 이루도록 요구해야 한다.
　　 2 각 계층의 지도자들은 경제발전 속에 존재하는 갈등, 문제 그리고 모순들을 주의 깊게 살펴야 하며, 확실히 효과가 있는 조치들을 취해 가장 먼저 경제효율을 높이고 힘을 모아 기업을 살려야 한다.
　　 3 기업을 살리는 관건은 경영 구조를 바꾸어 기업이 진정 자율적으로 경영을 하고 손익을 스스로 관리하는 사회주의적 상품생산 당사자이자 경영 당사자가 되어야 한다.
(2) 1 기업내부의 경제책임제는 우리 나라가 10여 년 지속해온 개혁 중에서 기업을 잘 경영하는 기본적이고 효과가 많은 중요한 제도이다.
　　 2 직공들의 업무 분담을 활성화하고, 공장내에서 성과급을 실시하고 보너스를 제시하며 팀별 도급제를 실시하면 직공들의 적극적인 태도를 효과적으로 불러일으킬 수 있다.

1. 다음 구문을 읽어보고 뜻을 설명해 보세요.

    (1) 新产品研制　　　　新产品开发　　　　新产品投产
　　　新产品问世　　　　研制新产品　　　　开发新产品
　　　推出新产品

    (2) 全民所有制　　　　集体所有制
　　　国有企业/工业　　　集体企业/工业　　　乡镇企业/工业

    (3) 经济效益　　　　　社会效益

    (4) 经营机制　　　　　价格机制　　　　　运行机制

    (5) 计件工资　　　　　计时工资

2. 다음 문장을 읽고 번역해 보세요.

南京熊猫电子集团走向世界

　　南京无线电(wúxiàndiàn)厂在改革开放的年代, 转变观念, 转换经营机制, 实现了"三级跳"。一是跳出厂门：1980年7月, 同南京地区37家中小电子(diànzǐ)企业组建了我国电子工业第一个横向(héngxiàng)经济联合体；二是跳出城门：1987年5月, 跨出南京, 联合20多个省、市、自治区的150多个企事业单位成立了熊猫(xióngmāo)电子集团；三是跳出国门：1987年在美国合资建立了VSI公司和熊猫电子美国有限公司, 走出了"国际合作开发－国内生产－国际销售"的路子。

小知识

1. 三资기업 [三资企业]
'中外合资经营企业', '中外合作经营企业', '外商独资经营企业(100% 외자기업)'을 합쳐 三资企业이라고 부른다. 외국기업들은 중국에 투자를 할 때 이들 3가지 형태 중의 하나를 유지하게 된다.

2. 기업내의 경제책임제
공장내의 생산성 관리에 있어 대단히 획기적인 제도로 주요 내용은 다음과 같다. 공장의 생산성을 좌우하는 요소들을 품질, 생산량, 경제효율, 안전, 기술개발 등으로 나누어 각 사항에 걸맞는 지표들을 제시한다. 그러면 이들 지표를 근거로 직원들의 매달 생산량을 조사하여 각 개인의 임금(임금과 보너스)을 결정하는 제도이다. 이들 제도들은 각 기업의 실정에 맞춰 탄력적으로 실시되고 있다. 이렇게 과거의 일률적인 임금지급 방법을 폐지하고 노동량에 걸맞는 임금 분배방법을 실시하자 기업의 생산성은 놀라울 만큼 높아졌다. 보너스 제시 역시 노동자들의 생산의욕을 북돋우기 위해 사용되는 방법이다.

3. 성과급과 시간급 ['计件工资' 和 '计时工资']

· 计件工资
완성된 후 품질관리 체크까지 통과한 생산품의 양을 기준으로 임금을 결정하는 제도이다.

· 计时工资
노동 시간과 숙련도를 계산하여 임금을 결정하는 제도이다.

7 农业

1. 농업생산

粮食	皮棉	油料	水产品
곡물	원면	기름원료	수산품

1. **粮食**在去年较大幅度增产的基础上,再创历史最高水平,预计总产量可超过4800亿公斤,比上年增产135万公斤以上。

2. "丰收计划"实施10年来,共完成农牧渔业技术推广项目257项,累计增产**粮食**300亿公斤,**皮棉**8亿公斤,**油科**37亿公斤,肉蛋及**水产品**14.6亿公斤,新增产值400亿元。

 **단어**

- 皮棉 pímián 원면
- 丰收 fēngshōu 풍년
- 牧业 mùyè 목축업
- 项目 xiàngmù 프로젝트, 항목
- 油料 yóuliào 기름원료
- 实施 shíshī 실시
- 渔业 yúyè 어업

번역

1 곡물은 작년에 상당히 증산된 기초 위에서 다시 한번 역사적으로 높은 기록을 달성했다. 전체 생산량은 4800억Kg을 초과할 것으로 예상되어 작년에 비해 135만Kg 이상이 증산될 것이다.

2 "풍년계획"이 실시된 지 10년 동안 농업, 목축업, 어업의 보급기술 257개를 완성해 그 동안 곡물 300억Kg, 원면 8억Kg, 기름원료 37억Kg, 육류와 계란 그리고 수산품 14억6천만Kg을 증산해 400억 원의 생산증가액을 이룩했다.

2. 농업정책과 농업발전

> **(1) 农业是国民经济的基础**　　**家庭联产承包责任制**
> 　　농업은 국민경제의 기초　　　　가정 단위별 생산 책임제
>
> **科教兴国 / 农**
> 　과학으로 국가발전 / 농업발전

1　**农业是国民经济的基础**，无论什么时候都要把农业放到十分重要的位置。

2　解决十一亿人口的吃饭问题是头等大事，是经济发展、社会安定、国家自立的基础。

3　以**家庭联产承包**为主的**责任制**是党在农村的基本政策，应在稳定的前提下，逐步加以完善。

4　我们实施"**科教兴国**"的战略，**科教兴农**是一个重要方面。中国有很多中低产田，依靠技术提高粮食产量的潜力很大。

 **단어**

- **联产** liánchǎn 연계생산
- **责任制** zérènzhì 책임제
- **头等大事** tóuděng dàshì 가장 중요한 일
- **自立** zìlì 자립하다
- **加以** jiāyǐ 더하다
- **潜力** qiánlì 잠재력
- **承包** chéngbāo 책임을 지는
- **兴国 / 农** xīngguó / nóng 국가/농업을 일으키다
- **逐步** zhúbù 점차
- **中低产** zhōng dīchǎn 중하급의 낮은 생산

번역

1 농업은 국민경제의 기초로 언제나 농업을 가장 중요한 위치에 두어야 한다.
2 11억 인구의 먹는 문제 해결은 가장 중요한 일이며 경제발전과 사회안정, 국가자립의 기초이다.
3 가정별 생산책임을 중심으로 하는 책임제는 당이 농촌에서 시행하는 기본 정책으로 안정의 전제하에 점차적으로 개선해 나가야 한다.
4 우리는 "과학으로 국가발전"이라는 노선을 실시하고 있는데 과학을 통한 농업발전 역시 중요한 점이다. 중국에는 많은 중하급 생산 농가가 있는데 기술을 통해 곡물생산량을 높일 수 있는 잠재력이 대단히 크다.

❼ 农业

(2) 乡镇企业	乡村工业	以工补 / 养农
향진기업	향촌공업	공업으로 농업을 보완 / 양육한다

1. **乡镇企业**是国民经济的重要组成部分,是农村经济的主要支柱。这些年,**乡镇企业**发展速度很快。"八五"期间全国国内生产总值净增量的30%,工业增加值净增量的50%,……均来自**乡镇企业**。

2. 无锡县农村向工业化转变过程中,不断用**乡村工业**实力"反哺"农业,"**以工补农**","**以工养农**",工农业稳步协调发展。

3. 농촌의 변화

贫困人口	脱贫	扶贫	温饱
빈곤인구	빈곤에서 벗어나다	빈곤층을 보조하다	먹고 입는 문제

1. 辽宁省农民普遍解决了**温饱**问题,但农户间收入差异扩大,相当一部分农民比较富裕,一小部分农民尚未**脱贫**。大石桥市富裕、比较富裕、一般三种类型的农民占农民总人口的比例为 2:5:3。

2. 中央**扶贫**开发工作会议召开……到本世纪末基本解决贫困人口**温饱**问题,这是党中央、国务院既定的战略目标。

단어

- 补 bǔ 보완하다
- 支柱 zhīzhù 기둥
- 反哺 fǎnbǔ 보답하다
- 协调 xiétiáo 협조
- 扶贫 fúpín 빈곤층을 돕다
- 类型 lèixíng 유형

- 养 yǎng 기르다, 양육하다
- 净 jìng 순(아무것도 더하지 않은)
- 稳步 wěnbù 착실하게
- 脱贫 tuōpín 빈곤에서 탈피하다
- 温饱 wēnbǎo 입고 먹는 일
- 既定 jìdìng 이미 정하다

〔专名〕
- 无锡县(江苏省) Wúxī Xiàn 우시 현 (현재는 쨩쑤 성의 시산(锡山)시)
- 大石桥市 Dàshíqiáo Shì 따스치야오 시

번역

2 **1** 향진기업은 국민경제의 중요한 부분이며 농촌경제의 중요한 기둥이다. 최근 몇 년, 향진기업의 발전속도는 대단히 빠르다. "8차 5개년 계획"기간 동안 전국의 국내총생산 순증가율의 30%, 공업생산 순증가율의 50%는 …… 모두 향진기업에서 비롯되었다.

2 우시 현은 농촌에서 공업화로 전환하는 과정에서 향촌공업의 능력을 가지고 지속적으로 농업을 다시 돕는 등 공업으로 농업을 보완하고 공업으로 농업을 양육하여 공업과 농업이 함께 안정된 발전을 이루고 있다.

3 **1** 리아오닝 성 농민들은 대부분 먹고 입는 문제를 해결했다. 그러나 농민들간의 수입 차이가 확대되면서 상당수의 농민들은 비교적 부유해지고 적은 수의 농민들은 아직 빈곤에서 벗어나지 못하고 있다. 따스치야오 시의 경우 부유, 비교적 부유, 일반 등 3종류의 농민들이 농민 전체 인구에서 차지하는 비율은 2:5:3이다.

2 중앙의 빈곤층 보조개발업무 회의가 열렸다. 금세기 말까지 빈곤인구의 먹고 입는 문제를 기본적으로 해결하겠다는 것이 당중앙과 국무원이 이미 정해놓은 전략목표이다.

❼ 农业

1. 다음 구문을 읽어보고 뜻을 설명해 보세요.

    (1) 粮食　　　　　　　　　油料　　　　　　　　　皮棉
    (2) 农业是国民经济的基础　　　　家庭联产承包责任制
    (3) 乡镇企业　　　　　　乡村工业
    (4) 贫困人口　　　　吃饭问题　　　　温饱问题
    (5) 中低产田　　　　低产田　　　　高产田

2. 다음 문장을 읽고 번역해 보세요.

    有些人担心,中国人到底能不能养活自己？对于这个问题,中国政府刚刚发表了粮食问题白皮书(báipíshū)。中国政府一贯把立足国内资源、实现粮食自给,作为解决粮食问题的基本方针；一直把计划生育、保护耕地作为基本国策。………实践将再次证明,中国人民不仅能养活自己,而且生活质量还会逐步提高。

小知识

1. 가정 단위별 생산책임제 [家庭联产承包责任制]
　　인민공사가 폐지되고 농촌에서 실시되던 정책으로, 주요 생산근거지인 토지는 국가가 소유하고 농민은 가정을 단위로 일정량의 경지를 불하받아 경영한 후 법적으로 정해진 양을 국가에 바치는 제도이다. 그러나 이는 커다란 원칙일 뿐 지역별로 서로 다른 기준과 규칙을 가지고 토지를 관리하고 있다. 특히 최근들어 토지를 제외한 부분에 사유재산 허용범위가 확대되면서 이 제도는 상당 부분 변화하고 있다.

2. 통일과 분산을 결합한 이중의 경영체제
　　중국의 농촌에서는 각 지역 농촌을 큰 단위로 묶는 통일적 생산구조 아래 호별 생산권한을 확대하는 이중의 경영체제를 유지하고 있다. 특히 통일된 경영체제에는 향진기업의 농촌에 대한 재투자가 포함되어 있다. 즉 농촌을 기반으로 성장하는 향진기업의 이윤을 상당부분 농촌에 재투자해 농촌과 향진기업이 함께 발전하는 시스템을 구사한다는 내용이다.

3. 국가수매
　　중국 정부는 국민들의 일상 농산품을 집중적으로 관리하고 있다. 즉 농산물의 경우 '定购'라 하여 국가가 필요한 양을 농민에게 경작하게 한 후 규정된 양을 농민으로부터 사들이는 것이다. 이렇게 함으로써 농산물의 공급을 안정시키게 되는 것이다. 또 규정량 이외의 잉여생산물에 대해서도 국가가 수매를 하는데 이를 '议购'라고 하며 보통 '定购'보다 높은 가격에 거래된다.

4. 풍년계획 [丰收计划]
　　이 계획은 농업부와 재정부가 공동 기획 실시하는 국가 차원의 농업기술 합작 계획이다. 즉 높은 생산성, 높은 품질, 높은 효율을 목표로 전국 농촌에 기술과 농기구를 분배 관리하는 계획이다. 1986년부터 실시되고 있다.

8 交通、邮电

1. 교통

通航	通车	开通	航空
노선이 뚫리다	도로개통	개통하다	항공
航运	航线	高速公路	
항운	항운노선	고속도로	

1. 中国西南航空公司承运的成都－曼谷**航线**于10月28日正式**通航**。

2. 连接我国南北的铁路大通道京九铁路提前于今年9月1日正式**开通**运营。

3. 对沿江经济带开发与发展有重要作用的上海至南京的**高速公路**已正式**通车**。

4. 中韩客货班轮**航线开通**6周年
1.6万吨级客货轮香雪兰号(Xiāngxuělán Hào)首航青岛。

단어

- 通航 tōngháng 취항하다, 노선이 뚫리다
- 开通 kāitōng 개통하다
- 航线 hángxiàn 항공노선, 항운노선
- 承运 chéngyùn 운송을 인계하다
- 运营 yùnyíng 운영하다
- ~带 ~dài ~일대
- 班轮 bānlún 정기 왕복선
- 首航 shǒuháng 취항하다

- 通车 tōngchē 개통하다
- 航运 hángyùn 해상운송
- 高速公路 gāosù gōnglù 고속도로
- 通道 tōngdào 통로, 큰길
- 沿江 yánjiāng 양쯔강 유역
- 客货轮 kèhuòlún 여객 화물선
- 吨级 dūnjí 톤급

〔专名〕
- 西南航空公司 Xīnán Hángkōng Gōngsī 서남항공사
- 成都 Chéngdū 청뚜
- 曼谷 Màngǔ 방콕
- 京九铁路 Jīng-Jiǔ Tiělù 京九열차
- 南京 Nánjīng 난징
- 韩 Hán 한국(韓國)의 약칭

번역

1 중국 서남항공이 운행하는 청뚜-방콕간 항공노선이 10월 28일 정식개통되었다.
2 우리 나라의 남북을 잇는 철도 대동맥 '京九'철도가 9월 1일 계획보다 앞당겨져 정식으로 개통 운영되고 있다.
3 양쯔 강 유역 경제지역의 개발과 발전에 커다란 역할을 할 상하이 난징간 고속도로가 이미 정식으로 개통되었다.
4 중한 정기 여객화물선 개통 6주년
만6천톤급 여객화물선 샹수에란 호가 처음 칭다오에 취항했다.

2. 운수

客运 여객운송		货运 화물운송			
列车 열차	客车 객차	货车 전세열차	快车 급행	慢车 완행	直达车 직통
班轮 정기왕복		定期航线 정기노선			

1. 近几年来，我国运输市场发生了巨大而深刻的变化。就在新铁路线加快发展的同时，公路、航空、水路的建设规模和运输能力迅猛增长，铁路在运输市场中的份额不断下降：**客运**已由65%降至45%，**货运**也由75%降到55%；今年头8个月全路客运量比去年同期又下降了14%。

2. [铁道部改策方案之一] 优化**列车**结构，满足市场多层次需求。**客车**基本上取消了市郊列车和混合列车，直通客车的比重上升到24.7%；**快车**的比重占46.3%，**慢车**的比重下降到28.8%。货物列车大幅度增加了集装箱快运**直达车**次。

3. 预计1991年至1995年，全国**客运**量和旅客周转量将以每年百分之六至百分之七的速度增长。

4. 新中国第一家中外合资企业－中波轮船公司建立40年来，共运载货物2830万吨，完成货物周转量3156亿吨海里，船舶往返于世界各地100多个港口，并开辟了集装箱**班轮**。

 **단어**

- 列车 lièchē 열차
- 运输 yùnshū 운송하다
- 层次 céngcì 차원, 단계
- 比重 bǐzhòng 비중
- 车次 chēcì 발차횟수
- 周转量 zhōuzhuǎnliàng 수송량, 순환량
- 往返 wǎngfǎn 왕복하다

- 直达/直通车 zhídá/zhítōngchē 직통열차
- 份额 fèn'é 량
- 需求 xūqiú 수요
- 集装箱 jízhuāngxiāng 콘테이너
- 运载 yùnzài 운송, 적재
- 船舶 chuánbó 선박
- 港口 gǎngkǒu 항구

〔专名〕
- 中波轮船公司 Zhōng-Bō Lúnchuán Gōngsī 중국 파나마 선박회사

번역

1 최근 몇 년 간 우리 나라 운송시장에 크고 중대한 변화가 일어났다. 즉 새로운 철도노선의 빠른 발전과 동시에 국도, 항공, 해상로의 건설규모와 운송능력이 대단한 기세로 발전하여 철도가 운송시장에서 차지하던 역할은 점차 하강하고 있다. 여객운송은 이미 65%에서 45%로 떨어졌고 화물운송은 75%에서 55%로 떨어졌다. 금년들어 8개월 동안 전 노선의 여객운송량은 작년 같은 기간에 비해 14% 떨어졌다.

2 철도부 개선방안의 하나: 열차의 구조를 개선하여 시장의 다양한 요구를 만족시킨다. 객차는 기본적으로 교외선과 혼합열차는 취소하고 직통객차의 비중을 24.7%까지 끌어올렸다. 급행의 비중은 46.3% 이지만 완행의 비중은 28.8%까지 떨어졌다. 화물열차의 경우 콘테이너 직통운반 열차의 운행횟수를 대폭 증가시켰다.

3 1991년에서 1995년까지 전국 여객운송량과 여객의 순환량은 매년 6내지 7%의 속도로 증가할 것으로 예측된다.

4 중국 건국 이후 최초의 해외합자기업인 중국 파나마 선박회사는 건립된 지 40년 동안 모두 2830만 톤의 화물을 수송했고 화물의 수송거리는 3156해리에 이르렀다. 또한 선박은 세계 각지의 100여 개 항구를 왕복했으며 콘테이너 정기왕복 노선도 열었다.

3. 우편·통신

通信网络 통신네트워크	**通讯卫星** 통신위성	**电讯** 전신
电话 전화	**自动化** 자동화	**普及率** 보급률

1 今后五年里, 我国将加快发展长途电话**自动化**, 提高电话**普及率**, 逐步形成方便迅速的**通信网络**。

2 中国和美国之间新的一条**电话**通道日前正式开通, 标志着两国之间**电讯**合作的迅速发展。[中美之间]第一条电话通道是1973年建立的, 这条**电话**通道通过太平洋上空的**通讯卫星**进行联系。

3 以光缆干线建设为重点的邮电通讯建设, 今年继续保持快速发展的良好势头。

 **단어**

- **网络** wǎngluò 네트워크
- **电讯** diànxùn 전신
- **普及率** pǔjílǜ 보급률
- **干线** gànxiàn 간선, 선

- **通讯** tōngxùn 통신
- **自动化** zìdònghuà 자동화
- **光缆** guānglǎn 광케이블

〔专名〕
- **太平洋** Tàipíngyáng 태평양

번역

1 향후 5년간 우리 나라는 장거리전화 자동화의 발전을 가속화하고 전화보급률을 높여 점차 빠르고 편리한 통신네트워크를 형성해 갈 것이다.
2 중국과 미국간의 새로운 전화선이 일전에 정식으로 개통된 것은 양국간의 통신협력이 빠르게 발전하고 있다는 것을 의미한다. (중국과 미국간의) 첫 번째 전화선은 1973년 설치된 것으로 이 전화선은 태평양 상공의 통신위성을 통해 연계가 이루어졌다.
3 광케이블 건설을 핵심으로 하는 우편과 통신건설은 금년에도 대단히 빠르게 발전하면서 양호한 상태를 지속적으로 유지하고 있다.

❽ 交通、邮电

1. 다음 구문을 읽어보고 뜻을 설명해 보세요.

   (1) 航线开通　　首次通航　　正式通航　　正式通车
   　　全线开工　　全面开工　　全面建成　　完全贯通

   (2) 空中通道　　陆上通道　　电话通道

   (3) 线路电气化　电话自动化　机械化

   (4) 铁路线路　　重要线路　　铁路干线　　电话线路
   　　通信线路　　主干线

   (5) 客运量　　　　　客运周转量　　　　货运周转量

   (6) 长途快车　　短途客车　　特别快车　　直达快车
   　　定期班车　　定期航班

   (7) 班机　　　　班车　　　　班轮

2. 중국 주요 철도 노선의 출발역과 종점을 '小知识'를 토대로 써 넣으세요.

   (1) 京哈线: (　　)-(　　)　(2) 京沪线: (　　)-(　　)
   (3) 京广线: (　　)-(　　)　(4) 沪杭线: (　　)-(　　)

3. 京九 철도가 통과하는 성의 이름과 약칭을 써 넣으세요.

   [北京:京] - [　　:　　] - [　　:　　] - [　　:　　] - [　　:　　] - [　　:　　] - [　　:　　] - [　　:　　] - [九龙:九]

4. 다음 문장을 읽고 번역해 보세요.

   黑龙江陆海国际联运开通

   　　由黑龙江省(Hēilóngjiāng Shěng)绥芬河(Suífēnhé)经俄罗斯东方港(Dōngfānggǎng)至日本、韩国及台湾、香港等地陆海联运(liányùn)于日前开通, 首批物资已从绥芬河运往东方港。新航道开通后, 哈尔滨(Hā'ěrbīn)与日本新舄(Xīnxì)港的运距可缩短1600公里, 节省运费近一半。

小知识

1. 중국 지역의 명칭과 약칭

〈省·直辖市, 自治区의 약칭, 별칭〉

- 北京市 → 京 Jīng
- 天津市 → 津 Jīn
- 河北省 → 冀 Jì
- 山东省 → 鲁 Lǔ
- 山西省 → 晋 Jìn
- 内蒙古自治区 → 内蒙 Nèiměng
- 辽宁省 → 辽 Liáo
- 吉林省 → 吉 Jí
- 黑龙江省 → 黑 Hēi
- 上海市 → 沪 Hù, 申 Shēn
- 江苏省 → 苏 Sū, 江 Jiāng
- 浙江省 → 浙 Zhè
- 安徽省 → 皖 Wǎn
- 福建省 → 闽 Mǐn
- 河南省 → 豫 Yù
- 湖北省 → 鄂 È
- 澳门 → 澳 Ào
- 湖南省 → 湘 Xiāng
- 江西省 → 赣 Gàn
- 广东省 → 粤 Yuè
- 广西壮族自治区 → 桂 Guì
- 陕西省 → 陕 Shǎn, 秦 Qín
- 甘肃省 → 甘 Gān, 陇 Lǒng
- 宁夏回族自治区 → 宁 Níng
- 青海省 → 青 Qīng
- 新疆维吾尔自治区 : 新 Xīn
- 重庆市 → 渝 Yú
- 四川省 → 川 Chuān, 蜀 Shǔ
- 云南省 → 云 Yún, 滇 Diān
- 贵州省 → 贵 Guì, 黔 Qián
- 西藏自治区 → 藏 Zàng
- 海南省 → 琼 Qióng
- 香港 → 港 Gǎng
- 台湾 → 台 Tái

〈北京, 天津, 上海, 重庆 이외 도시들의 약칭, 별칭〉

- 哈尔滨 → 哈 Hā
- 沈阳 → 沈 Shěn
- 大连 → 大 Dà
- 青岛 → 青 Qīng
- 南京 → 宁 Níng
- 杭州 → 杭 Háng
- 福州 → 榕 Róng
- 武汉 → 汉 Hàn
- 广州 → 穗 Suì
- 兰州 → 兰 Lán
- 成都 → 成 Chéng, 蓉 Róng
- 昆明 → 昆 Kūn

2. 중국의 행정구역

중국대륙의 省급 행정지역은 22개(타이완을 넣을 경우 23개)의 성, 4개의 직할시, 5개의 민족 자치구 등 31개 달한다. 직할시의 근교는 縣으로 부른다. 성과 자치구 아래에는 地區라는 보다 작은 단위가 있다. (자치구의 경우는 자치주) 또 지구와 시 아래에는 현과 현급 도시들이 있는데 특별구, 工農區, 林區 등도 현급의 지역들이다. 직할시 이외의 규모가 큰 도시들도 시와 구를 두고 있다. 현 이하는 鄕과 鎭으로 구분된다.

9 商业

1. 물가

物价总水平	商品零售价格	居民消费价格
전체 물가 수준	상품의 소매 가격	주민 소비 가격

1 8月份**物价总水平**有所回升。城市物价受灾害影响，**商品零售价格**和**居民消费价格**分别比上月上涨1.4％和1.7％，涨幅高于农村0.2和0.4个百分点。

2 价格结构的调整要充分考虑企业和居民的承受能力，着眼于促进 经济结构的调整和企业效益的提高。

단어

- 消费 xiāofèi 소비하다
- 灾害 zāihài 재해
- 上涨 shàngzhǎng (물가, 주식 값이)오르다
- 调整 tiáozhěng 조정하다
- 着眼于 zhuóyǎnyú ~에 착안하다
- 回升 huíshēng 다시 오르다
- 分别 fēnbié 이런 저런
- 涨幅 zhǎngfú 오른 폭
- 承受 chéngshòu 받아들이다

번역

1 8월달의 전체 물가 수준이 약간 올랐다. 도시물가는 재해의 영향으로 상품의 소매가격과 주민 소비가격이 각각 지난 달보다 1.4%, 1.7% 상승했는데 이는 농촌보다 0.2%, 0.4% 더 오른 것이다.
2 가격구조의 조정은 기업과 주민들이 견딜 수 있는 능력을 충분히 고려해야 하며 경제구조의 조정과 기업의 효율성 제고를 촉진할 수 있는 지에 착안해야 한다.

2. 시장

社会消费零售总额 민간 소비와 소매 총액		
购销两旺 구매와 판매가 모두 왕성함	**供求平衡** 공급과 수요의 균형	**供不应求** 공급부족
供过于求 공급초과	**花色品种** 물건의 종류들	
大商场 대형매장	**供销社** 구매판매회사	**代销店** 판매대리점
集贸市场 정기 시장	**个体户** 개인 상점	

1. ["九五"计划第一年的] 前九个月, **社会消费零售总额**比上年同期增长19.7%, 扣除价格因素, 实际增长12.3%。物价涨幅持续稳定地回落到较低水平。

2. 根据商业部对705种主要商品供求情况的分析, 下半年**供不应求**的商品为86种, 占12.2%, 与上半年相比, 紧缺面缩小3.7个百分点;供求基本平衡的商品426种, 占60.4%, 比上半年上升1.7个百分点;**供过于求**的商品193种, 占27.4%, 上升2个百分点。

3. 1990年我国猪肉、蔬菜市场供应好于往年, **购销两旺**, **花色品种**增加, 购销价格基本平稳。今年国家还将在丰富居民"菜篮子"方面下更大工夫。

4. 目前, 农村形成了多种所有制并存的商业格局 – 县城较**大商场**、乡镇基层**供销社**、村**代销店**以及各类**集贸市场**和**个体户**的格局。

단어

- 供应 gōngyìng 공급하다
- 供求 gōngqiú 공급과 수요
- 平衡 pínghéng 평형
- 供过于求 gōng guò yú qiú 공급초과
- 品种 pǐnzhǒng 품종
- 代销店 dàixiāodiàn 판매 대리점
- 个体户 gètǐhù 개인 상점
- 购销两旺 gòu xiāo liǎng wàng 매매가 활발하다
- 供不应求 gōng bú yìng qiú 공급부족
- 花色 huāsè 상품 종류
- 供销社 gōngxiāoshè 구매판매 회사
- 集贸市场 jímào shìchang 정기 시장

번역

1. ("95계획" 첫 해인) 9개월 전, 민간의 소매소비총액은 작년 같은 기간에 비해 19.7% 증가했는데, 가격요인을 제외해도 실제 12.3% 증가한 것이다. 물가세가 지속적으로 비교적 낮은 수준으로 하락하고 있다.

2. 상업부가 705종류의 주요 상품의 공급과 수요 상황을 분석한 결과에 따르면, 하반기의 공급부족 상품은 86종으로 12.2%에 달해 전반기 6개월과 비교해 볼 때 공급부족 상황은 3.7%가 줄어들었다. 공급과 수요가 기본적으로 평형을 이루는 상품은 426종으로 60.4%에 달해 전반기 6개월에 비해 1.7% 상승했다. 공급초과 상품은 193종으로 27.4%에 달해 2%가 상승했다.

3. 1990년 우리 나라의 돼지고기와 채소시장의 공급은 작년보다 개선되어 구매와 판매 모두 활성화되고 있고 상품의 종류 또한 증가하여 공급과 소비 가격 모두가 기본적으로 안정되어 있다. 올해 정부는 국민들의 '장바구니 물가'가 떨어지도록 하기 위해 더욱 노력을 할 것이다.

4. 현재 농촌에는 여러 종류의 소유제도가 공존하는 상업적 국면, 즉 현과 도시의 대규모 백화점(상가), 향과 진의 구매대행회사, 농촌의 대리점 그리고 각종 정기적인 장과 개인 상점 등이 형성되어 있다.

3. 국민생활

居民收入	消费支出	生活费
주민들의 수입	소비지출	생활비
储蓄余额	**耐用消费品**	**生产资料**
저축여유액	내구성 소비제품	생산재료

1. 城乡**居民收入**大幅度增长,生活质量提高。扣除物价因素,城镇居民人均**生活费**收入年均增长7.7%,农民人均收入增长4.5%。

2. 据对辽宁省农村1890个农户调查,1996年1-9月份农民人均生活**消费支出**为897.32元,比去年同期增长29.5%。

3. 农民购买大件**耐用消费品**愿意到较大城市较大商店中购买。因为在这些商店中商品相对丰富,可挑选的余地大,另外售后服务也更完善。而**农用生产资料**,农民一般都愿在就近的供销社系统的商店购买,农民反映这里"货真价实"。

4. 因为不知道再该买什么,一些富裕起来的农民只好把钱存在银行里。[在一个比较贫困的县里]1995年人均纯收入1393元,但农业银行的**储蓄余额**为1.8亿元。

단어

- 扣除 kòuchú 빼다
- 紧缺 jǐnquē 부족을 겪다
- 格局 géjú 구조, 상황
- 储蓄 chǔxù 저축
- 耐用 nàiyòng 내구성이 있는
- 售后服务 shòuhòufúwù 애프터 서비스
- 因素 yīnsù 요소, 원인
- 菜篮子 càilánzi 장바구니 물가
- 支出 zhīchū 지출하다
- 余额 yú'é 잔고, 여유액
- 生产资料 shēngchǎn zīliào 생산재료
- 货真价实 huò zhēn jià shí 품질은 좋고 값은 싸다

번역

1 도시와 농촌 주민들의 수입이 대폭 많아지면서 생활의 질 또한 높아지고 있다. 물가요인을 제외하고도 도시 주민들의 평균 생활비는 연평균 7.%가 늘었고 농민들의 평균 수입은 4.5% 증가했다.

2 리아오닝 성 농촌 1890가구를 조사한 바에 의하면 1996년 1월부터 9월까지 농민 1인당 평균 생활비 지출은 897.32원으로 작년 같은 기간에 비해 29.5% 증가했다.

3 농민들은 대형 내구성 소비제품을 살 때는 비교적 큰 도시의 비교적 큰 상점에서 구매하기를 희망한다. 이는 이들 상점의 상품들이 상대적으로 풍부하고 선택의 여지가 많을 뿐만 아니라 애프터 서비스도 완벽하기 때문이다. 반면에 농업 생산에 사용되는 생산재료들의 경우, 농민들은 일반적으로 가까운 구매대리회사 계열의 상점에서 사기를 희망하는데, 농민들은 이곳이 물건이 좋을 뿐 아니라 값도 싸다고 말하고 있다.

4 다시 뭘 사야될 지 모르기 때문에 일부 부유해진 농민들은 돈을 은행에 저축하는 수밖에 없다. (비교적 빈곤한 현의) 1995년 1인당 평균 순수입이 1393원이지만 농업은행의 저축 여유액은 1억 8천만 원에 달한다.

❾ 商业

1. 다음 구문을 읽어보고 뜻을 설명해 보세요.

(1) 调整物价　　　　搭车涨价　　　　降价销售
　　物价总水平　　　商品零售价格　　居民消费价格

(2) 生活质量　　　　居民收入　　　　人均收入
　　消费支出　　　　生活费　　　　　储蓄余额
　　耐用消费品　　　生活资料　　　　生产资料

2. 다음 문장을 읽고 번역해 보세요.

今年农村经济全面发展

粮食总产量可超过4800亿公斤　　农民人均收入增长5%左右

　　记者从全国农业工作会议上获悉,今年我国农业生产再获丰收,农民收入继续增加,农村经济全面发展。粮食在去年较大幅度增产的基础上,再创历史最高水平,预计总产量可超过4800亿公斤,比上年增产135亿公斤以上。棉花和油料受多种因素影响,有所减产,但供给仍可满足需求。"菜篮子"产品持续增长,预计肉类总产量5800万吨,水产品总产量2800万吨,分别比去年增长10.3%和11.2%,禽蛋、奶类、蔬菜、水果等也都比上年有较大幅度增产。乡镇企业运行平稳,速度和效益适度增长,预计增加值比上年增长16.5%。金年农业增加值预计比去年增长4.5%左右,农民人均收入比上年实际增长5%左右。

小知识

1. 신문, 뉴스의 타이틀

뉴스 타이틀에는 표제, 미제(眉題), 부제가 있다. 미제(眉題)의 경우는 표제 위에 두고, 부제는 그 밑에 달되 여러 가지 글자체를 이용하여 크게 쓰기도 한다. 표제는 뉴스의 내용을 확실히 할 수 있는 것으로 무거운 활자체로 크게 써서 눈에 잘 띄는 장소에 배치한다.

2. 统销

统销(통일 판매 제도)는 중국 정부가 국가의 건설과 국민의 생활을 보장하기 위해 식량과 주요 농산물에 대해 1953년부터 공동으로 수매하고 공동으로 판매하는 정책에서 비롯되었다. 1955년 8월 관련 규정이 공포된 후 수십 년 간 중국 도시주민의 식량과 식용유는 국가가 통일된 가격으로 상세한 계획 아래 공급하고 있다.

3. 비유적 표현의 경제용어

- 搭车

  "搭车"는 자동차를 탄다는 뜻이다. 그런데 이 용어는 물가에도 사용되고 있다. 즉 정부가 어떤 특정 가격을 올릴 경우 관리 대상 품목들도 덩달아 가격을 올리는 행위를 뜻한다.

- 菜篮子

  "菜篮子"는 장바구니 물가란 뜻이다. 중국이 현재 실시하고 있는 "菜篮子"계획은 대, 중 도시의 교외에는 부식품 생산단지를 만들어 부식품의 공급을 원만하게 하려는 것이다.

- 大锅饭

  1958년 중국은 농촌에서 '인민공사'를 대대적으로 건설하면서 대규모의 공동식당을 많이 건설했다. 즉 지역 주민들이 이 공동식당에서 함께 식사를 했기 때문에 '大锅饭' 즉 '한솥밥 먹기'라는 표현이 등장한 것이다. '大锅饭'은 사람마다의 개성이나 삶을 무시한 것으로 수많은 낭비와 무책임을 만들어낸 원인으로 지적받게 되었다. 현재 이 표현은 노동자의 기능과 공헌도를 무시한 채 진행되는 무비판적인 평균주의를 상징하고 있다.

- 铁饭碗

  '铁饭碗'은 '철밥통'이란 뜻으로 모든 사람에게 직업을 보장해 주겠다는 사회주의적 의도에서 비롯된 것이다. 즉 모든 국민은 국가로부터 직업을 알선받아 일을 하기 때문에 실업을 걱정할 필요가 없게 되는 것이다. 국민들은 한 번 어느 직장에 배속되면 안정적으로 수입을 얻게 되지만 적성과 관련없이 퇴직도 해고도 되지 않는 상태가 된다. 때문에 노동자들의 생산성은 떨어지고 기업 관리에도 책임이 따르지 않는 등 수많은 문제점을 야기하고 있다. 현재는 국영기업을 중심으로 실업인구가 늘어나면서 '铁饭碗'의 개념은 깨져가고 있다.

- 一刀切

  정책을 실시할 때 상황이나 대상에 대한 조사 등을 전혀 하지 않은 채 획일적으로 적용하는 것이다.

- 土政策

  중앙의 정책이나 규정에는 존재하지 않지만 각 지방이 자체적으로 마련한 정책 등을 의미한다.

10 对外贸易与经济合作

1. 대외무역

对外贸易总额 대외무역총액	进出口总值/额 수출입총액/액	进/出口[额] 수입/수출액
国际支付能力 국제수지방어능력	外汇储备 외환보유고	汇率 환율
一般贸易 일반무역	加工贸易 가공무역	

1. 截至10月份,全国累计**进出口总值**已达2264.3亿美元,增长2.5%。其中出口1192.2美元,与去年同期基本持平;进口1072.1美元,增长5.5%,增长速度持续回落。累计顺差120.1亿美元。

2. 9月份,我国外贸**进出口总额**为237.1亿美元。其中**一般贸易进出口额**比上月均有所减少,**加工贸易**仍在进出口贸易中占据主导地位,外商投资企业进出口增长迅速。

3. [七五期间]我国贸易收支保持良好状态,**国际支付能力**增强。

4. 李鹏总理在第80届广交会开幕式上说,我们预计,到2000年,中国**对外贸易总额**将达到4000亿美元,进出口总额将保持平衡,中国将为世界各国提供一个广阔的市场。

5. 新出台的改革方案,主要是在已经调整人民币**汇率**的基础上,建立外贸企业自负盈亏机制。

단어

- [对]外贸[易] [duì]wài mào[yì] 대외무역
- 外汇 wàihuì 외화
- 汇率 huìlǜ 환율
- 加工贸易 jiāgōng màoyì 가공무역
- 持平 chípíng 평형유지
- 外商 wàishāng 외국상사
- 收支 shōuzhī 수지
- ~式 ~shì ~식
- 方案 fāng'àn 방안, 계획
- 贸易保护主义 màoyì bǎohù zhǔyì 보호무역주의
- 支付 zhīfù 지불하다
- 储备 chǔbèi 저축, 준비
- 一般贸易 yìbān màoyì 일반무역
- 截至 jiézhì ~까지
- 顺差 shùnchā 흑자, 수출초과
- 投资 tóuzī 투자하다
- 占据 zhànjù 점하다, 차지하다
- 出台 chūtái 발표된, 나온
- 本着 běnzhe ~에 기초하여

〔专名〕
- 广[州]交[易]会 Guǎng[zhōu]Jiāo[yì]huì 광저우 교역회

번역

1. 10월 말까지 전국적으로 누계된 수출입 총액은 이미 2264억 3천만 달러에 달해 2.5%의 증가를 보였다. 그 중 수출은 1192억 2천만 달러로 작년 같은 기간과 기본적으로 평형을 유지하고 있다. 수입은 1072억 1천만 달러로 5.5%의 증가를 보이는 등 증가 속도가 점차 떨어지고 있다. 누계 차액은 120억 1천만 달러이다.
2. 9월분 우리 나라 무역수출입 총액은 237억 1천만 달러이다. 그 중 일반무역의 수출입 액수는 지난 달에 비해 평균적으로 감소했고, 가공무역이 수출입무역에서 여전히 주도적인 위치를 차지하고 있으며 외국 투자기업들의 수출입의 증가세도 빨라지고 있다.
3. '75 기간' 우리 나라 무역수지는 양호한 상태를 유지하고 있으며 국제수지 방어 능력도 강화되고 있다.
4. 리펑 총리는 제80회 광저우 무역교역회 개막식에서 2000년이 되면 중국의 대외무역 총액은 4000억 불에 달해 수출입 총액이 평형을 유지하게 되고 따라서 중국은 세계 각 국에게 광활한 시장을 제공하게 될 것이라고 말했다.
5. 새로 나온 개혁방안의 주요 내용은 기존의 조정된 인민폐의 환율 기초 위에서 대외무역 기업들이 스스로 손익을 감당해낼 수 있는 구조를 건립하도록 하는 것이다.

2. 외화이용과 경제협력

| 投资环境 | 投资法规 | 投资项目 | 投资金额 |
| 투자환경 | 투자법규 | 투자항목 | 투자금액 |

| 三资企业 | [经济]特区 | 沿海开放城市 |
| 삼자기업 | 경제특구 | 연해개방도시 |

| 国际合作 | 国际惯例 | 国际竞争 |
| 국제합작 | 국제관례 | 국제경쟁 |

1　联合国官员说,总的来说,中国提供了良好的**投资环境**,其中最重要的是政治稳定为外国投资创造了有利条件。此外,中国政府还尽最大努力不断完善有关**投资法规**。

2　截至今年6月,累计批准外商直接**投资项目**近27万个,实际使用外资金额1500多亿美元,已开业的**三资企业**逾12万家。最近三年连续成为除美国以外吸引外资最多的国家。

3　过去11年,我们建立了深圳、珠海、厦门、汕头、海南5个**特区**,它们已经形成相当的规模,取得了巨大的成就。

4　在未来的五年计划中,中国航空工业将加大力度更大范围地开展**国际经济技术合作**,积极向**国际惯例**靠拢,以参与**国际竞争**。

단어

- 法规 fǎguī 법규
- 惯例 guànlì 관례
- 外资 wàizī 외국자본, 외자
- 开业 kāiyè 개업하다
- 吸引 xīyǐn 끌어들이다
- 靠拢 kàolǒng 기대다, 접근하다

- 特区 tèqū 특구
- 官员 guānyuán 관원, 정부직원
- 金额 jīn'é 금액
- 逾 yú 초과하다
- 规模 guīmó 규모

〔专名〕
- 联合国 Liánhéguó UN
- 深圳 Shēnzhèn 선쩐
- 珠海 Zhūhǎi 쭈하이
- 厦门 Xiàmén 씨아먼
- 汕头 Shàntóu 싼터우
- 海南 Hǎinán 하이난

번역

1 UN의 관리는, 크게 볼 때 중국은 좋은 투자환경을 제공하고 있다. 그중 가장 중요한 것은 정치적 안정으로 외국의 투자기업들에 유리한 조건을 만들어내고 있다고 말하고 있다. 또 중국정부 역시 많은 노력을 기울이며 관련된 투자법규를 개선하기 위해 끊임없이 노력하고 있다.

2 금년 6월까지 외국기업들의 직접투자항목 허가 건수는 27만건에 달하며 실제적으로 1500억 달러의 외자를 사용했다. 이미 개업된 삼자기업은 12만개가 넘는다. 최근 3년 연속 미국을 제외하고는 외자를 가장 많이 끌어들인 나라가 되었다.

3 과거 11년간 우리는 선쩐, 쭈하이, 씨아먼, 싼터우, 하이난의 5개 특구를 세웠다. 그들은 이미 상당한 규모를 형성하고 있음은 물론 커다란 성과를 거두고 있다.

4 앞으로의 5개년 계획 동안 중국의 항공공업은 좀더 폭넓은 범위에서 국제경제 기술합작을 강화하고 국제관례를 존중하면서 국제경쟁에 참여할 것이다.

1. 다음 구문을 읽어보고 뜻을 설명해 보세요.

   (1) 进出口贸易　　　进出口总值　　　进出口平衡
   　　进口贸易　　　　进口额　　　　　进口货物
   　　出口贸易　　　　出口额　　　　　出口创汇
   　　国际支付能力　　人民币汇率　　　外汇储备
   (2) 投资环境　　　　投资项目　　　　投资金额
   　　合资企业　　　　合作企业　　　　独资企业
   　　经济特区　　　　沿海开放城市　　沿海经济开放区

2. 다음 문장을 읽고 번역해 보세요.

进一步加强亚太地区经济合作(节录)

亚太经合组织成员间经济发展程度有很大不同,人均国民生产总值最高与最低间相差在几十倍以上。只有大力加强经济技术合作,才能为发展中成员创造更多的发展机会,并扩大市场,使他们逐步缩小与发达成员间的经济差距。因此,采取切实措施,加快经济技术合作步伐,既是发展中成员的要求,也有利于发达成员的经济发展。

在本次会议上,江主席郑重(zhèngzhòng)宣布,今年中国进口商品的平均税率(shuìlǜ)已从原来的35.9%下降到23%,到2000年争取更下降到15%左右。所有这些,充分显示了我国推进亚太区域经济合作的诚意。

小知识

1. 경제특구와 경제 개방 상황

경제특구는 대외경제 활동을 원활하게 할 수 있도록 국가가 정한 특정지역을 말한다. 현재 세계적으로도 70여 개 국가, 수백 개의 경제특구가 존재하고 있는데 3분의 2는 개발도상국에, 3분의 1은 선진국에 있다. 경제특구를 설계한 목적은 외국자본을 도입한 후, 국내노동력을 이용하여 국제시장에서 경쟁력이 있는 가공수출 무역을 발전시키고자 하는 데 있다. 1980년 5월 중국은 广东省의 深圳、珠海、汕头 그리고 福建의 厦门에 시험적으로 경제특구를 세웠다. (海南省은 1988년.) 경제특구에는 주권과 법률을 보호한다는 원칙 아래 우대정책을 적용해 기술집약형 기업과 지식집약형 기업을 설립하도록 유도하고 있다. 즉 세계 선진기업들의 생산기술과 관리방식을 받아들이는 창구로 활용하겠다는 것이 경제특구의 기본 설립 목적이다. 1984년 4월, 중국은 다시 大连、秦皇岛、天津、烟台、青岛、连云港、南通、上海、宁波、温州、福州、广州、湛江、北海 등, 14개 연해 항구와 도시를 개방했다. 그 후 다시 13개의 经济技术开发区, 经济开放区 등의 명칭으로 长江 일대, 珠江 일대, 福建省 남부지역 일대, 山东半岛, 辽东半岛를 개방했다. 또 1990년 이후 上海 浦东 지역을 개발해 많은 해외 첨단 기업들을 유치하고 있다. 즉 경제특구는 연해의 도시들을 점차 개방하고 다시 내륙지역으로 개방의 분위기를 확산해 들어가는 전초기지로서의 역할을 담당하고 있다.

2. 广交会

중국의 대표적인 수출상품교역회로 중국내의 대외무역과 관련된 기관들이 합동으로 개최하고 있다. 1957년부터 매년 봄, 가을 광저우에서 시행되고 있기 때문에 '广交会'라고 부르고 있다. 이 모임은 중국에서 가장 먼저 시작했고, 규모도 가장 클 뿐아니라 세계적으로도 권위를 인정받는 무역박람회장이다.
이밖에도 중국에는 哈尔滨교역회, 上海교역회, 西安교역회, 乌鲁木齐교역회, 大连교역회, 昆明교역회 등이 있다. 물론 각 성이나 대도시에서도 수시로 무역박람회를 개최하고 있다.

11 教育、科技、文化

1. 교육

(1) 面向现代化   面向世界   面向未来
현대화를 향하여   세계를 향하여   미래를 향하여

社会主义建设者   社会主义接班人   科教兴国
사회주의 건설자   사회주의 계승자   과학교육을 통한 국가 부강

1 我们必须以**面向现代化、面向世界、面向未来**的战略眼光,规划和部署今后10年教育事业的发展和改革。坚持教育的社会主义方向,把培养**社会主义的建设者**和接班人作为学校的根本任务。

2 各地区各部门都要十分重视和支持教育事业,贯彻实施**科教兴国**战略,推动我国社会和经济的持续发展。

단어

- 接班人 jiēbānrén 후계자
- 部署 bùshǔ 안배, 배치
- 眼光 yǎnguāng 안목

번역

1 우리들은 현대화를 향하고, 세계를 향하고, 미래를 추구해가는 전략적 안목으로 향후 10년 간의 교육사업의 발전과 개혁을 계획하고 안배해야 한다. 또 사회주의 교육 방향을 견지하면서 사회주의 건설자와 후계자 배양을 학교의 기본 임무로 삼아야 한다.

2 각 지역의 각 기관들은 모두 교육사업에 관심을 갖고 지지하면서 '과학교육으로 부강한 나라를 이룩한다'는 전략의 실행을 관철하고 우리 나라의 사회와 경제가 지속적으로 발전해 나가도록 추진해야 한다.

⑪ 教育、科技、文化

(2) **硕士**   **博士**   **骨干**
석사   박사   중추, 핵심

基础教育   **职业教育**   **高等教育**   **成人教育**
기초교육   직업교육   고등교육   성인교육

德智体全面发展
지덕체의 균형있는 발전

1. 中国依靠自己的力量已经在十一个学科门类培养了十八万名**硕士**、十个学科门类培养了七千多名**博士**。他们中绝大多数已成为教育与科研的**骨干**,在基础理论研究、高技术领域和经济建设主战场上发挥着重要作用。

2. 未来的15年,中国将要进入一个崭新的发展时期。在我国,将实行科教兴国和可持续发展战略,教育战线面临艰巨而繁重的任务。各类学校,包括**基础教育**、**职业教育**、**高等教育**和**成人教育**都要认真贯彻党的教育方针,就是**德智体全面发展**、培养社会主义事业的建设者和接班人。

단어

- 硕士 shuòshì 석사
- 骨干 gǔgàn 중추, 핵심, 골간
- 学科 xuékē 학과
- 高技术 gāojìshù 하이테크
- 主战场 zhǔzhànchǎng 주요전선, 사업장
- 可持续发展 kě chíxù fāzhǎn 지속적으로 발전하는

- 博士 bóshì 박사
- 德智体 dé zhì tǐ 지덕체
- 门类 ménlèi 분야
- 领域 lǐngyù 영역
- 崭新 zhǎnxīn 새로운, 참신한
- 面临 miànlín 직면하다

번역

1 중국은 스스로의 역량으로 이미 11개 학과 분야에서 18만명의 석사, 10개 학과 분야에서 7천 명의 박사를 배출해 냈다. 그들 대부분은 이미 교육과 과학연구의 중추가 되어 기초이론 연구, 하이테크 영역과 경제건설의 주요 전선에서 중요한 역할들을 하고 있다.

2 앞으로 15년이 지나면 중국은 새로운 발전의 시기로 들어설 것이다. 우리 나라에서 '과학교육으로 부강한 나라를 이룩한다'는 이념을 실행하고 발전전략을 지속시킨다는 측면에서 교육사업은 어렵고도 막중한 임무에 직면하고 있다. 각종 학교들은 기초교육, 직업교육, 고등교육 그리고 성인교육들을 모두 아울러 진지하게 당의 교육방침, 즉 지덕체의 균형있는 발전, 사회주의 사업의 건설자와 계승자를 배양해 나간다는 방침을 관철시켜 나가야 한다.

2. 과학기술

科学技术 과학기술	**第一生产力** 첫 번째 원동력
科学技术的竞争 과학기술의 경쟁	**劳动者素质** 노동자의 소질

1 坚持**科学技术**是**第一生产力**, 把经济建设真正转移到依靠科技进步和提高**劳动者素质**的轨道上来, 是一场广泛而深刻的变革。

2 国际间的竞争, 说到底是综合国力的竞争, 关键是**科学技术的竞争**。

3 在当今的发达国家, 科技进步在经济增长诸因素中的比例达50－70％, 而我们目前还只占25％左右。[出席人大和政协会议的]科学家们的一致意见是, 必须下定决心, 创造各种条件, 让**科学技术**在经济建设的舞台上大显身手。

단어

- **生产力** shēngchǎnlì 생산력, 원동력
- **变革** biàngé 변화와 개혁
- **综合** zōnghé 종합한
- **舞台** wǔtái 무대
- **轨道** guǐdào 궤도
- **说到底** shuōdàodǐ 결국
- **诸** zhū 모든
- **大显身手** dà xiǎn shēnshǒu 능력을 발휘하다

번역

1 과학기술을 견지해 나가는 것이 첫 번째 원동력이다. 경제를 정말로 과학기술의 진보와 노동자들의 수준 향상이라는 궤도 위로 올려놓도록 만드는 것이야말로 광범위하고도 의미깊은 변화와 개혁이다.

2 국제간의 경쟁이란 결국 국력을 종합한 경쟁으로 과학기술의 경쟁이야말로 관건이 된다.

3 현재 선진국들의 경우, 과학기술의 진보는 경제성장의 요인 중 50%에서 70%에 달하고 있으나 현재 우리는 겨우 25%정도에 그치고 있다. (인민대표대회와 정치협의회의에 참석한) 과학자들의 일치된 의견은, 과학기술이 경제건설의 무대 위에서 능력을 발휘할 수 있는 각종 여건을 마련하도록 결의해야 한다는 것이다.

3. 문화

《讲话》
《이엔안 문예좌담회에서의 훈시》

"二为"方向
"2가지를 위한"방향

"双百"方针
"2개의 百"방침

文艺工作者
문예 실무자

社会主义文艺
사회주의 문예

1　文艺工作者要坚持《讲话》所阐述的基本精神,把《讲话》的基本精神落到实处。

2　我国文艺工作者要坚持"二为"方向和"双百"方针,以饱满的热情讴歌我们伟大的时代和伟大的人民,为繁荣社会主义文艺做出新的贡献。

3　金鸡百花电影节是我国电影界一年一度的盛大节日。据介绍,本届电影节还将举行第十六届中国电影金鸡奖、第十九届百花奖颁奖典礼。

 단어

- "二为"方向 "èrwèi"fāngxiàng "2가지를 위한"방향
- "双百"方针 "shuāngbǎi"fāngzhēn "2개의 百"방침
- 文艺 wényì 문예
- 实处 shíchù 실제, 실현되는 곳
- 讴歌 ōugē 구가하다, 노래하다
- ~界 ~jiè ~계
- 颁奖典礼 bānjiǎng diǎnlǐ 시상식

번역

1 문예 실무자는 '훈시'가 언급한 기본정신을 견지하여 '훈시'의 기본정신이 실현되도록 해야한다.
2 우리 나라의 문예 실무자들은 "2가지를 위한"방향과 "2개의 百"방침을 견지하면서, 가득한 열정으로 우리들 위대한 시대와 위대한 인민들을 격려하고 노래함으로써 사회주의 문예를 번영시킬 수 있도록 새롭게 공헌해야 한다.
3 '황금닭', '백송이 꽃'영화제는 우리 나라 영화계에서 1년에 한 번씩 치뤄지는 성대한 행사이다. 소개된 바에 의하면 금번의 영화제는 제16회 중국영화 '황금닭 상', 제19회 '백송이 꽃 상'의 시상식도 거행하게 될 것이다.

⓫ 教育、科技、文化

1. 다음 구문을 읽어보고 뜻을 설명해 보세요.

    (1) 面向现代化　　　　　面向世界　　　　　面向未来
        社会主义建设者　　　社会主义接班人　　德智体全面发展

    (2) 学士　　　　硕士　　　　　博士　　　　　博士后
        普及教育　　　　　义务教育
        初等教育　　　　　中等教育　　　　　高等教育
        基础教育　　　　　职业教育　　　　　成人教育
        思想教育　　　　　国情教育　　　　　社会主义教育

    (3) 科学技术是第一生产力　　　　　依靠科技进步
        提高劳动者素质

    (4) "二为"方向　　　　　"双百"方针

    (5) 坚持方向　　贯彻方针　　总结经验　　制定政策

2. 다음 문장을 읽고 번역해 보세요.

我国本世纪内将为国外发射30多颗卫星

　　据新华社11月5日电　在本世纪内,我国将使用长征火箭为国外发射30多颗卫星。

　　到目前为止,中国长征火箭已有8种型号投入使用,并进入国际商业卫星发射服务市场。先后进行了43次飞行,成功率高达87%。中国迄今已发射了48颗各类人造地球卫星,其中,中国自行研制的卫星38颗,国际用户商业卫星10颗。

小知识

1. 중국의 과학기술계획과 하이테크 개발구

- **攻关计划**

  1982년에 세움. 난관 돌파 계획으로 국민경제 발전에 무엇보다 중요한 과학기술상의 문제 해결을 위해 국가가 직접 관련 기술과 기관들을 조직하고 관리하는 계획.

- **星火计划**

  1985년 9월에 세움. 향진기업이나 중소기업들에 대해 각 지방의 자원과 경제조건에 입각한 실용적 기술들을 확대 보급해 지방경제를 활성화시킨다는 계획.

- **火炬计划**

  1988년부터 시행. 하이테크 관련 연구의 성과를 산업화하려는 계획.

- **863计划**

  하이테크 연구를 발전시키기 위한 계획으로 1986년 3월에 제출되었다. 이 계획은 금세기 말부터 다음 세기 초까지 중국의 경제력을 높이고 국민경제의 발전을 이루어내는 데 중요한 역할을 하게 될 계획으로 7개의 하이테크 영역을 선정해 중점 관리하고 있다.

- **国家科技成果重点推广计划**

  주로 농업과 전통산업 분야, 그리고 대형·중형 기업들에게 효과적으로 과학기술의 성과를 보급하려는 계획.

- **关于基础研究的计划**

  기초적인 연구를 지속적으로 진행하여 중국이 장기적으로 과학기술과 경제 발전을 이룩할 토대를 마련하려는 계획.

이들 6개의 계획은 중국의 경제건설, 하이테크 발전, 기초과학 연구의 3개 영역을 순차적으로 발전시킬 수 있는 중국과학기술 발전의 기본 구조이다. 이들 계획을 보다 효과적으로 완성시키기 위해 '국가 하이테크 산업개발구'를 설치하기 시작했는데 1988년 이후 1991년 3월까지 이들 개발구는 모두 27개가 만들어졌다.

2. 毛泽东의 《在延安文艺座谈会上的讲话》

1942년 5월, 이엔안에서 열린 문예 좌담회에서 발표된 毛泽东의 훈시. 여기서 毛泽东은 중국공산당의 문학과 예술활동에 대한 기본 방침을 밝혔는데, 중국의 문학과 예술 활동의 목적을 밝히는 기본 문헌으로 이해되고 있다.

3. "二为"方向과 "双百"方针

- **"二为"方向**

  첫째는 인민을 위한 봉사, 둘째는 사회주의를 위한 봉사를 의미하며 이는 중국 문예 업무의 기본 방향이 된다.

- "双百"方针

    "双百"方针은 '百花齐放'과 '百家争鸣'으로 '百花齐放'은 예술발전을 위해서 '百家争鸣'은 과학기술의 발전을 위해서 마련한 방침이다. 즉 온갖 꽃이 만발하듯이 모든 예술 장르가 자유롭게 표현되며 과학의 모든 이론과 학파들이 자유스러운 토론을 통해 발전을 도모한다는 중국 예술계의 기본 방침들이다.

4. 중국의 문학상과 예술상

- 茅盾文学奖

    우수한 장편 소설을 대상으로 시상하는 전국 규모의 문학상으로 중국에서 가장 권위 있는 문학상의 하나이다.

- 华表奖

    방송영화 TV부, 중앙선전부, 국가교육위원회, 해방군 총정치부 및 전국총노동자회, 공산주의 청년단중앙, 중화전국부녀연합회 등이 공동으로 수상자를 선정한다.

- 百花奖

    60년대부터 시작된 것으로 관객의 직접 투표에 의해 수상자를 선정한다.

- 金鸡奖

    영화평론가들이 수상자를 선정한다.

"华表奖, 金鸡奖, 百花奖"은 3대 중국 영화상이다.

- 飞天奖

    TV 드라마에 주어지는 가장 권위있는 상이다.

- 金鹰奖

    TV 드라마에 주어지는 상이지만 시청자들이 직접 투표하여 수상자를 결정한다.

- 文华奖

    연극 관련 부문의 새로운 연기자를 발굴할 목적으로 마련한 상이다.

- 梅花奖

    마찬가지로 연극 부문에 주어지는 상이지만 주로 청년 연기자 발굴을 목적으로 하고 있다.

5. 希望工程

중국청소년기금회가 모금을 담당하며, 주로 빈곤지역의 미취학아동들이 초등학교를 졸업할 수 있도록 돕는 목적 아래 진행되고 있다.

1. 스포츠

(1) ~运动会   ~赛
　　~운동회   ~시합

1　[标题] 第26届奥运会隆重开幕
　　　　197个国家和地区10000多名运动员会聚亚特兰大。

2　[标题] 世界杯女子乒乓球赛开始
　　　　中国羽毛球公开赛揭幕

3　[标题] 第8届亚洲青年女子排球锦标赛今天进入第三天,中国队已
　　　　取得三战三胜的好成绩。

(2) 决赛　　半决赛　　1/4比赛　　1/8比赛　　预赛
　　　결승　　준결승　　4강전　　　8강전　　　예선

1　第8届亚洲青年女子排球锦标赛共有11支球队参加。每组前两名出线,参加**半决赛**。半决赛和**决赛**分别于20日和22日举行。

2　根据赛程,12日进行男女单打**1/8 比赛**,13日进行男女单双打**1/4 比赛**,14日产生女单男双冠军,15日决出男单女双冠军。

3　伏明霞(Fú Míngxiá)从**预赛**到决赛一路领先,最后以超出第二名40多分的绝对优势蝉联冠军。

단어

- 运动会 yùndònghuì 스포츠 대회
- 乒乓球 pīngpāngqiú 탁구
- 公开赛 gōngkāisài 오픈전
- 排球 páiqiú 배구
- 决赛 juésài 결승
- 预赛 yùsài 예선
- 赛程 sàichéng 시합일정
- 一路领先 yílù lǐngxiān 선두를 유지하다
- 蝉联 chánlián 연속해서

- ~杯 ~bēi ~배
- 羽毛球 yǔmáoqiú 배드민턴
- 揭幕 jiēmù 열리다, 개막되다
- 锦标赛 jǐnbiāosài 선수권 대회
- 半决赛 bànjuésài 준결승
- 出线 chūxiàn 예선을 통과하다
- 单/双打 dān/shuāngdǎ 단식/복식
- 优势 yōushì 우세

〔专名〕
- 奥[林匹克]运[动]会 Ào[línpǐkè]Yùn[dòng]huì 올림픽
- 亚特兰大 Yàtèlándà 아틀란타

번역

(1) 1 [표제] 제26회 올림픽 성대한 개막
197개 국가와 지역의 만여 명 선수들이 아틀란타에 모였다.
2 [표제] 월드컵 여자 탁구대회 시작
중국 배드민턴 오픈 개막
3 제8회 아시아 청소년 여자배구 챔피언전이 오늘로 3일째가 되었으며, 중국팀은 이미 3전 3승의 좋은 성적을 거두었다.

(2) 1 제8회 아시아 청소년 여자배구 챔피언전에 모두 11개 팀이 참가했다. 각 조의 1, 2등은 예선을 통과 준결승에 참가한다. 준결승과 결승은 20일과 22일에 각각 진행된다.
2 시합일정에 따르면 12일에는 남녀 단식 8강전, 13일에는 남녀 단식 4강전, 14일에는 여자 단식과 남자 복식 우승자가 나오고, 15일에는 남자 단식과 여자 복식 챔피언이 결정된다.
3 푸밍시아는 예선에서 결승까지 선두를 지켜 마지막에서 2등을 40여 점이나 앞서는 절대적 우세로 연속해서 챔피언이 되었다.

2. 시합성적과 순위

(1) [打]破 / 刷新 / 创造　　全国 / 亚洲 / ~运动会记录
　　깨다 / 갱신하다 / 창조하다　　전국 / 아시아 / ~대회기록

1　全国女子举重冠军赛闭幕
　　七人八次破五项**全国记录**

2　安徽选手蔡维艳(Cài Wéiyàn)先后越过4米26和4米32, 两次**刷新**女子撑竿跳高**亚洲记录**。原记录4米25也是由她本人**创造**的。

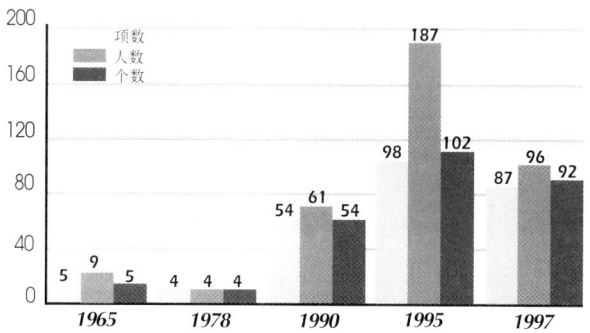

〈中国运动员获得世界冠军情况示意图〉

단어

- [打]破 [dǎ]pò 깨다
- 记录 jìlù 기록
- 牌 pái 메달
- 撑竿跳高 chēnggān tiàogāo 장대높이뛰기
- 刷新 shuāxīn 갱신하다
- 举重 jǔzhòng 역도
- 选手 xuǎnshǒu 선수

번역

1. 전국 여자 역도 챔피언전 폐막
   7 명의 선수가 5 개 종목에서 8 번이나 기록을 갱신
2. 안훼이의 차이웨이이엔 선수는 4 미터 26 과 4 미터 32 의 기록으로 연속 두 번 아시아 여자 장대높이뛰기의 기록을 갱신했다. 원래의 기록은 4 미터 25 로 역시 그녀 자신이 만든 것이었다.

⓬ 体育

(2) 以~成绩， 荣获 / 夺得 / 获得 ~军 / ~牌　　　夺冠
~ 의 성적으로，　차지했다 / 쟁취했다 / ~ 등을 차지했다 / ~ 메달　우승하다

居第~　　　　失利 / 负于~　　　奖牌　　　金 / 银 / 铜牌
~ 등을 차지하다　　지다 / 패배하다　　메달　　금 / 은 / 동메달

冠军　　　　　亚军　　　　　　成绩是~
챔피언　　　　　준우승자　　　　성적은 ~이다

1　中国体育代表团在本届奥运会上共**夺得**50枚**奖牌**，其中**金牌**16枚、**银牌**22枚、**铜牌**12枚。金牌数和奖牌数均**居第**四位。

2　中国体操名将李小双(Lǐ Xiǎoshuāng)**以**58.423分**荣获**奥运会体操比赛男子个人全能**冠军**。

3　长跑女将王军霞(Wáng Jūnxiá)在女子5000米决赛中，**以**14分59秒88的**成绩**战胜所有对手一举**夺冠**。

4　李对红(Lǐ Duìhóng)**以**明显优势**夺冠**。获得这个项目**亚军**的是保加利亚选手约尔格娃(Yuē'ěrgéwá)，**成绩是**684.8环，俄罗斯老将罗格维连科(Luógéwéiliánkē)以684.2环获**铜牌**。

5　世界**冠军**孔令辉(Kǒng Lìnghuī)**失利**: 奥运会乒乓球男单头号种子、世界冠军孔令辉，今天上午以1:3**负于**韩国老将金泽珠(Jīn Zézhū)，未能进入男单前8名。

6　游泳女将乐靖宜(Yuè Jìngyí)在50米自由泳比赛中，仅以百分之三秒**负于**美国选手，屈居**亚军**。

단어

- 夺冠 duóguàn 우승하다
- 负于 fùyú ~에게 지다
- 亚军 yàjūn 준우승, 은메달
- 名/女/老将 míng/nǚ/lǎojiàng 명/여/노장
- 长跑 chángpǎo 육상장거리
- 一举 yìjǔ 일거에
- 自由泳 zìyóuyǒng 자유형
- 屈居 qūjū 아깝게 ~에 머물다
- 失利 shīlì 패하다
- 奖牌 jiǎngpái 메달
- 体操 tǐcāo 체조
- 全能冠军 quánnéngguànjūn 종합우승
- 对手 duìshǒu 상대 선수
- 种子[选手] zhǒngzǐ[xuǎnshǒu] 시드 배정(선수)

〔专名〕
- 保加利亚 Bǎojiālìyà 불가리아

번역

1 중국 대표팀은 이번 올림픽에서 모두 50개의 메달을 얻었는데, 그중에는 금메달 16개, 은메달 22개, 동메달 12개가 있다. 금메달과 메달의 수를 합쳐 종합 4위에 올랐다.
2 중국의 체조 선수 리샤오쑤앙은 58.423점으로 올림픽 체조 남자 개인 종합우승영예를 안았다.
3 여자 장거리 여왕 왕쥔샤는 여자 5000미터 결승에서 14분59초88의 성적으로 모든 경쟁자를 물리치고 금메달을 따냈다.
4 리뙤이홍은 확실한 우세로 금메달을 따냈다. 이 종목 은메달리스트는 불가리아의 율코파 선수로 성적은 684.8점, 러시아의 노장 로구비엔코는 684.2점으로 동메달을 얻었다.
5 세계 챔피언 콩링훼이의 패배: 올림픽 탁구 남자 단식 1시드 배정자이면서 세계 챔피언인 콩링훼이는 오늘 오전 1:3으로 한국의 노장 김택수에게 져, 남자 단식 8강에 들지 못했다.
6 여자 수영의 여왕 위에찡이는 50미터 자유형 시합에서 0.03초 차이로 미국선수에게 져 은메달에 머물고 말았다.

1. 다음 구문을 읽어보고 뜻을 설명해 보세요.

    (1) 锦标赛　　　邀请赛　　　公开赛　　　对抗赛
    　　巡回赛　　　冠军赛　　　大奖赛　　　友谊赛
    　　杯赛　　　　决赛　　　　半决赛　　　复赛

    (2) 打破记录　　超过记录　　刷新记录　　创造记录
    　　平记录　　　创造最好成绩　本人最好成绩

    (3) 荣获冠军　　获得亚军　　名列第三　　退居第四
    　　屈居～　　　荣获金牌　　夺得银牌　　获得铜牌
    　　荣获桂冠　　夺冠　　　　夺魁　　　　卫冕
    　　蝉联　　　　三连冠

    (4) 以4分41秒45的成绩（田径、游泳等比赛）
    　　比分为11:2（球类等比赛）
    　　得分为9.5（体操、跳水等比赛）　以0.01秒/1分之差

2. 다음 빈칸에 알맞은 어휘를 찾아넣으세요.

    冠军　金牌　记录　决赛　最好成绩　退居　创造　以　以～成绩

    (1) 邓亚萍(Dèng Yàpíng)在半决赛中，_____21:14、21:10、21:14的较大优势击败了香港的齐宝华(Qí bǎohuá)。_____中，她又以3:1战胜了队友杨影(Yáng Yǐng)，夺得冠军

    (2) 年仅13岁的小女孩伏明霞战胜所有对手，为中国体育代表团夺得第六届世界游泳锦标赛的首枚_____。美国名将威廉斯(Wēiliánsī)积分与苏联米罗申娜(Mǐluóshēnnà)相差2.64分，获得季军(jìjūn)。比赛中曾一路领先的奥运会冠军、中国的许艳梅在最后三个动作中失利，_____第四位。

    (3) 1986年10月，[女子铅球运动员]隋新梅(Suí Xīnméi)在全国田径冠军赛上以18.87米的成绩获得_____。1987年，隋新梅在第六届全运会上再次投出了18.87米的本人_____。1990年3月，隋新梅以21.10米的成绩_____了室内女子铅球亚洲_____；10月，第11届亚运会上，她终于_____20.55米的_____登上了领奖台(lǐngjiǎngtái)最高处。

小知识

1. 스포츠에 관한 약칭

- **全运会** - 全国运动会 [전국 운동회]
- **冬运会** - 冬季运动会 [동계 운동회]
- **城运会** - 全国城市运动会 [전국 도시운동회]
- **农运会** - 全国农民运动会 [전국 농민운동회]
- **民运会** - 全国少数民族传统体育运动会 [전국 소수민족 전통 체육 운동회]
- **残运会** - 残疾人运动会 [장애인 운동회]
- **体坛** - 体育界 [체육계]
- **排坛** - 排球界 [배구계]
- **乒坛** - 乒乓球界 [탁구계]
- **田坛** - 田径界 [육상계]
- **泳坛** - 游泳界 [수영계]
- **羽坛** - 羽毛球界 [배드민턴계]
- **男篮** - 男子篮球 [남자농구]
- **女排** - 女子排球 [여자배구]
- **男体** - 男子体操 [남자체조]
- **女足** - 女子足球 [여자축구]
- **男团** - 男子团体赛 [남자단체전]
- **女团** - 女子团体赛 [여자단체전]
- **男单** - 男子单打比赛 [남자단식게임]
- **女双** - 女子双打比赛 [여자복식게임]
- **混双** - 男女混合双打比赛 [남녀혼합복식]
- **[三]大球** - 큰 공으로하는 구기 (篮球、排球、足球)
- **小球** - 작은 공으로 하는 구기 (羽毛球、乒乓球 등)

2. 중국의 스포츠 선수들과 성적

중국이 세계대회에서 처음 우승한 때는 1959년 남자 단식 탁구에서이다. 1981년부터 1990년까지 24종목의 선수가 국제게임에 참가, 3위 이내로 입상한 수는 1050명에 달하며, 우승자는 445명에 이른다. 우승의 주요 종목은 탁구, 배드민턴, 체조, 다이빙, 역도, 사격 등이다. 중국은 1984년 LA 올림픽에서 최초로 금메달을 땄다.

1. 보건위생 사업의 발전

医疗条件 의료조건	防治能力 예방과 치료능력	健康水平 건강수준
预防为主 예방위주	婴儿死亡率 영아사망률	人口平均期望寿命 인구당 평균기대수명

1　80年代,我国卫生事业在改革开放中稳步前进,**医疗条件**、**防治能力**、**健康水平**都得到明显改善和提高。

2　我国卫生事业有两个数字特别引人注目,这就是:**婴儿死亡率**由建国前的200‰下降到31‰;**人口平均期望寿命**由35岁增加到70岁。这些指标显著好于世界平均水平。

3　新时期卫生工作的指导方针,是以农村为重点,**预防为主**,中西医并重,依靠科技教育,动员全社会参加,为人民健康服务,为社会主义现代化建设服务。

단어

- 医疗 yīliáo 의료
- 预防 yùfáng 예방하다
- 死亡率 sǐwánglǜ 사망률
- 期望寿命 qīwàng shòumìng 기대수명
- 指标 zhǐbiāo 지표
- 中医 zhōngyī 한의
- 并重 bìngzhòng 동시에 중시하다
- 防治 fángzhì 예방치료하다
- 婴儿 yīng'ér 유아
- 期望 qīwàng 기대하다
- 引人注目 yǐn rén zhùmù 주의를 끌다
- 为主 wéizhǔ ~를 위주로 하다
- 西医 xīyī 서양의학
- 动员 dòngyuán 동원하다

번역

1 80년대, 우리 나라 보건위생 사업은 개혁개방 속에서 차근히 발전하여 의료조건, 예방과 치료능력, 건강수준 등이 현저하게 개선되고 향상되었다.

2 우리 나라 보건위생 사업상의 2개의 숫자가 특히 사람들의 주목을 끈다. 그것은 바로 영아사망률이 건국이전의 200‰에서 31‰로 떨어졌다는 것이다. 인구당 평균 기대수명은 35세에서 70세로 높아졌다. 이들은 세계 평균 수준보다 현저하게 높은 것들임을 나타낸다.

3 새로운 시기의 보건위생의 지도 방침은 농촌을 중점으로 하고, 예방위주, 동서의학의 조화, 과학적 교육의 중시 등이다. 또 사회구성원 모두가 참가하도록 동원하고 국민들의 건강을 위해 봉사하며 사회주의 현대화건설을 위해 봉사한다는 것이다.

⓭ 卫生

2. 농촌 보건위생 사업

合作医疗 **医疗预防保健网** **乡村医生**
합작의료   의료예방보건망   향촌의사

1   加强农村卫生工作,关键是发展和完善农村**合作医疗**制度。这是长期实践经验的总结,符合中国国情,符合农民愿望。

2   **合作医疗**、农村三级**医疗预防保健网**和**乡村医生**是我国农村卫生工作的三大支柱。……要坚持民办公助的原则,筹资应以农民个人投入为主,集体加以扶持。

3. 한방

中医 **中药**
한의   한약

1   由于我国人口80％在农村,中医药是我国农村防病治病的主要方式。活跃在农村的100多万乡村医生,多数能用中西两法防病治病。

2   既要认真继承中医药的特色和优势,又要勇于创新,积极利用现代科学技术,促进中医药理论和实践的发展,实现中医药现代化,更好地保护和增进人民健康。

단어

- **合作医疗** hézuò yīliáo 합작의료, 협조의료
- **网** wǎng 네트워크
- **筹资** chóuzī 준비자금, 자금조달
- **扶持** fúchí 보조하다
- **继承** jìchéng 계승하다
- **保健** bǎojiàn 보건
- **民办公助** mín bàn gōngzhù 민간에서 설립하고 국가에서 보조하다
- **中药** zhōngyào 한약
- **创新** chuàngxīn 새롭게 만들다

번역

[2] 1 농촌의 보건위생 사업을 강화할 수 있는가의 관건은 농촌의 합작의료제도를 발전시키고 개선하는 데 있다. 이것은 장기적 실천과 경험의 결과를 통해 얻은 결론으로 중국의 국가특성에 맞을 뿐 아니라 농민들의 희망에도 부합되는 것이다.

2 합작의료, 농촌의 3급 의료예방보건망과 향촌의사는 우리 나라 농촌 보건위생 업무의 3대 기둥이다. ……민간이 주도하고 정부가 돕는다는 원칙을 견지하기 위해서 경비조달은 농민 개인의 출자를 위주로 하고 (국가에 소속된) 집단이 보조를 하는 것이어야 한다.

[3] 1 우리 나라 인구의 80%가 농촌에 있기 때문에 한약은 우리 나라 농촌의 예방과 치료의 주요 수단이다. 농촌에서 활약하는 100만여 명의 향촌의사들은 대부분 동서 의학을 모두 사용해 예방과 치료를 진행하고 있다.

2 진지하게 한의학과 한약의 특색, 그리고 장점을 계승해야 함과 동시에, 용감하게 새로운 것을 창조해내고 적극적으로 현대의 과학기술을 이용하여 한의학과 한약의 이론과 실천을 촉진시켜 한의학의 현대화를 실현해야한다. 이를 통해 더욱 효과적으로 국민들의 건강을 보호하고 증진시켜야 한다.

4. 모자보건

| 妇幼保健 | 防治结合 | 孕产妇 | 儿童免疫接种 |
| 부녀와 유아보건 | 예방과 치료의 결합 | 임산부 | 아동예방접종 |

1. 新中国成立以来,由于实行**防治结合**,改善了**妇女保健**条件,使**孕产妇**的死亡率由解放初的十万分之一千三百下降到目前的十万分之九十四点七。

2. **儿童**计划**免疫接种**率实现了以乡为单位达到85%,计划免疫针对的几种疾病发病率、死亡率大大降低。

단어

- **妇幼** fùyòu 부녀자와 아이들
- **产妇** chǎnfù 임산부
- **接种** jiēzhòng 접종하다
- **发病率** fābìnglǜ 발병률
- **孕妇** yùnfù 임산부
- **免疫** miǎnyì 면역
- **针对** zhēnduì ~에 대해서

번역

1 신중국이 설립된 이후, 예방과 치료의 결합이 실행되면서 부녀자들의 건강조건이 개선되어 임산부의 사망률을 해방초기의 십만분의 1300에서 십만분의 94.7로 떨어뜨렸다.
2 계획을 갖고 시행하는 아동예방접종의 시행률은 향을 단위로 하는 경우 85%에 달해, 계획을 갖고 시행하는 예방접종의 몇몇 대상 질병의 발병률과 사망률이 크게 떨어졌다.

⓭ 卫生

1. 다음 구문을 읽어보고 뜻을 설명해 보세요.

　　(1) 医疗条件　卫生条件　保健条件　医疗水平　卫生水平
　　　　卫生保健　妇幼保健　儿童保健　保健医生　健康水平
　　(2) 传染病　　常见病　　慢性病　　多发病　　地方病
　　(3) 防治结合　预防为主　中西医并重

2. 다음 문장을 읽고 번역해 보세요.

学中医留学生逾万人次

　　中医药学是我国传统文化的重要组成部分。近十多年来, 中医药学逐步被世界认识与接受, 有条件的高等中医药院校积极开展了对外教育。据不完全统计, 1988年以后, 来华学习中医药的留学生人数达14700人次, 是1988年以前来华学习中医药的留学生总人数的36倍。其中本科生1000余人, 半年以上进修生5000余人, 各种形式的短期培训生8000余人。有些院校还在来华留学生中培养了硕士、博士研究生, 或接受了来华进行专向研究的高级进修生。

小知识

수량에 관한 중국어 어휘

<量>
- 总量 - 총량
- 进(出)口量 - 수(출)입량
- 客运量 - 여객수송량
- 拥有量 - 보유량
- 人均占有量 - 1인당 평균 점유량
- 完成量 - 완성량
- 排放量 - 배출량
- (森林)蓄积量 - 삼림축적량
- (总)产量 - 총생산량
- 运输(总)量 - 운송(총)량
- 货运量 - 화물수송량
- 需求量 - 수요량
- 发电量 - 발전량
- 消耗量 - 소모량
- 含量 - 함량
- 社会供需总量 - 사회 수요공급총량

<额>
- 超额 - 초과액
- 创汇额 - 외환창출액
- 储备余额 - 저축액
- 投资金额 - 투자금액
- 协议外资金额 - 외자협의액
- 投资总额 - 투자총액
- 出口创汇总额 - 수출외환총액
- 成交额 - 교역성공량
- 销售额 - 판매액
- 存款余额 - 현금저축액
- 亏损金额 - 손실액
- 总额 - 총액
- 商品零售总额 - 상품소매총액
- 进(出)口货物总额 - 수출입화물총액

<值>
- 产值 - 생산액
- 乡镇企业产值 - 향진기업생산액
- 国民生产总值 - 국민총생산액
- 国民收入总值 - 국민수입총액
- (轻/重)工业产值 - (경/중)공업생산액
- 总产值 - 총생산액
- 工农业总产值 - 농공업총생산액
- 工(农)业产值 - 공(농)업생산액
- 总值 - 총액
- 工(农)业生产总值 - 공농업생산총액
- 进出口总值 - 수출입총액
- 新增产值 - 증가생산액
- 社会总产值 - 사회총생산액
- 乡镇企业总产值 - 향진기업총생산액

<率>
- 增长率 - 성장률
- (人口)增长率 - (인구)증가율
- 年均出生率 - 연평균 출생률
- 死亡率 - 사망률
- 免疫接种率 - 면역접종비율
- 预防接种率 - 예방접종비율
- 普及率 - 보급률
- 正常率 - 정상비율
- 通邮率 - 우편량비율
- 森林(林木)覆盖率 - 삼림(수목)면적 비율
- 自然增长率 - 자연성장률
- 出生率 - 출생률
- 发病率 - 발병률
- 计划生育率 - 가족계획으로 인한 출생률
- 保健率 - 건강비율
- 贫困发生率 - 빈곤층 발생비율
- 入学率 - 입학률
- 正点率 - (교통수단들의)정시발착비율
- 汇率 - 환율

<幅>
- 增幅 - 증가폭
- 降幅 - 하강폭
- 涨幅 - 상승폭

14 人口和人口政策

1. 인구 관련 수치들

(1) 人口 　　　　　　　　　**总人口**
　　인구　　　　　　　　　　　총인구

1. 1995年10月1日0时，全国**总人口**为120778万人。同1990年7月1日0时113368万人相比，增加了7410万人。

2. 截至今年9月底，台湾**人口**已达2146.99万，其中男性1104.012万，女性为1042.98万。

(2) 人口出生率 　　　**死亡率** 　　　**自然增长率**
　　인구출생률　　　　　사망률　　　　　자연증가율

1. 1995年我国**人口出生率**为17.12‰，**死亡率**为6.75‰，**自然增长率**10.55‰，全国净增1271万人。

2. 台湾平均**出生率**为15‰**死亡率**为5.06‰；都市化程度愈高的县市，出生率愈低，**死亡率**则是以都市化程度低的县市居高。

3. 香港人口在过去十年间增加了72万多人，总数已达到621.8万人。在1986年至1991年间，年增长率为0.6%，而在1991年至1996年间，年增长率达到1.8%。人口增长加快的重要原因是，移居海外的移民不断回流。

단어

- 出生率 chūshēnglǜ 출생률
- 都市化 dūshìhuà 도시화
- 回流 huíliú 회류, 귀국하다
- 增长率 zēngzhǎnglǜ 증가율
- 移民 yímín 이민

번역

(1) 1 1995년 10월 1일 0시 현재, 전국의 총인구는 12억 778만 명이다. 1990년 7월 1일 0시의 11억 3368만 명과 비교해 볼 때 7410만명이 늘었다

2 금년 9월말까지 타이완의 인구는 이미 2146만 9900명에 달했다. 그 중 남성은 1104만 120명이고 여성은 1042만 9800명이다.

(2) 1 1995년 우리 나라 인구출생률은 1.71%, 사망률은 0.67%, 자연증가율은 1.05%로, 전국적으로 보면 총 1271만 명이 증가했다.

2 타이완의 평균 출생률은 1.5%이다. 도시화 수준이 높은 현과 시의 출생률은 낮은편이고 사망률의 경우는 도시화 수준이 낮은 현과 시일수록 비교적 높다.

3 홍콩의 인구는 지난 10년 간 72만 명이 증가해 총인구수가 이미 621만8천 명에 달했다. 1986년에서 1991년 사이 연평균 성장률은 0.6%였으며 1991년에서 1996년 사이의 연평균 성장률은 1.8%였다. 인구성장을 부추기는 주요 원인은 해외이민자들의 지속적인 귀국이다.

⑭ 人口和人口政策

> **(3) 育龄妇女**   **生育旺盛期**   **生育峰值年龄**
> 가임여성   임신활성기   최적령 가임연령

1 当前正处于第三次人口出生高峰的峰顶，**育龄妇女**人数、处于**生育旺盛期**人数和进入**生育峰值年龄**的妇女人数在"八五"期间将分别比"七五"期间增长5.5%、16.2%、8.2%。我国人口形势仍然严峻，计划生育任务十分艰巨。

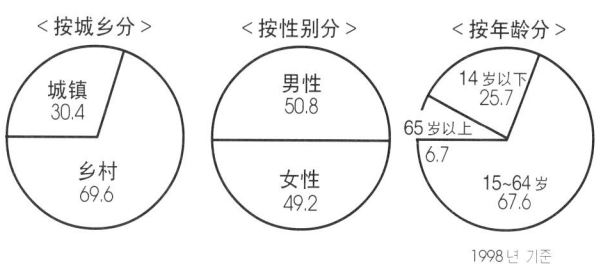

中国人口构成情况示意图（%）

1998년 기준

단어

- **育龄** yùlíng 가입연령
- **旺盛期** wàngshèngqī 왕성기
- **高峰** gāofēng 최고조
- **严峻** yánjùn 엄숙하다, 냉엄하다

- **生育** shēngyù 출산하다
- **峰值** fēngzhí 최고조
- **峰顶** fēngdǐng 피크
- **艰巨** jiānjù 힘들다, 곤란하다

번역

1 현재는 인구출생이 세번째로 최고조에 달한 시기이다. 즉 가임여성, 임신활성기 그리고 최적정 가임연령 등에 달한 부녀자들의 수가 8차 5개년 계획기간의 경우, 7차 5개년 계획기간에 비해 5.5%, 16.2%, 8.2% 증가했다. 우리 나라 인구증가의 형태는 여전히 심각한 상태이며, 가족계획 업무는 대단히 어려운 상황이다.

⓮ 人口和人口政策

2. 인구정책

计划生育	国情	基本国策
가족계획	국가적 상황	국가의 기본정책
人均意识	控制人口	人口素质
국민들의 평균의식	인구조절	신생아들의 질적 수준

1 **计划生育**是从中国**国情**和人民切身利益出发的**基本国策**。

2 要认真总结贫困地区人口与发展问题的成功经验,把扶贫开发与计划生育更好地结合起来,以促进贫困地区人口与经济社会的协调发展。……尽快改变越穷越生、越生越穷的恶性循环状态,是**计划生育**的一项长期而艰巨的任务。

3 要大力进行人口基本国情的教育,要宣传**控制人口**的重要性和紧迫性,要进一步提高**人口素质**,要树立"**人均意识**",把人口工作同整个经济和社会发展目标有机地结合起来。

단어

- 计划生育 jìhuà shēngyù 가족계획
- 意识 yìshí 의식
- 切身 qièshēn 절실한
- 宣传 xuānchuán 선전하다
- 有机地 yǒujīde 유기적인
- 国策 guócè 국가정책
- 控制 kòngzhì 조절하다
- 恶性循环 èxìng xúnhuán 악순환
- 紧迫性 jǐnpòxìng 긴박성

번역

1 가족계획은 중국의 국가적 상황과 국민들의 절실한 이익에서 출발한 국가의 기본정책이다.
2 빈곤지역의 인구와 발전 문제에 대한 성공적 경험을 전체적으로 총괄하고, 보조를 통한 빈곤지역 개발과 가족계획을 잘 결합하여 빈곤지역의 인구와 사회 경제가 보완적으로 발전할 수 있도록 촉진시켜야 한다. ……가난할수록 아이를 많이 낳고, 아이를 많이 낳기 때문에 더욱 가난해지는 악순환의 상황을 하루빨리 바꾸는 것이 가족계획의 장기적이고 막중한 임무의 하나이다.
3 인구와 관련된 국가의 주요사항에 대한 교육을 주력하여 실시하고 인구 조절의 중요성과 긴박함을 알려야 한다. 또 (부모들의 교육과 경제 환경 등을 고려한) 신생아들의 질적 수준을 높이고 '(모든 분배와 권리면에 있어서의) 국민들의 평균의식'을 수립하여 인구 관련업무와 전체 경제, 그리고 사회발전의 목표를 유기적으로 결합해나가야한다.

❹ 人口和人口政策

3. 가족계획

群众路线
대중적 방법

宣传教育
선전과 교육

1 做好计划生育工作，必须坚持**群众路线**，充分相信群众，依靠群众。

2 [天津市计划生育]把以**宣传教育**为主，以避孕为主，以经常工作为主的"三为主"方针真正落到实处。

3 令人兴奋的是，广大群众的生育观念发生了深刻的变化，计划生育、少生优生、优育优教越来越成为广大群众的自觉行动。

단어

- **群众路线** qúnzhòng lùxiàn 대중노선
- **观念** guānniàn 관념
- **优育** yōuyù 잘 키우다
- **优教** yōujiào 양질의 교육을 하다
- **避孕** bìyùn 피임하다
- **优生** yōushēng 우생학적으로, 환경적으로 좋은 아이를 낳다

번역

1. 가족계획을 잘 실행하기 위해서는 반드시 대중을 신뢰하고 대중에 의존하는 대중적 노선을 견지해나가야 한다.
2. (티엔진 시 가족계획) 선전과 교육을 위주로 하는 것, 피임 위주, 그리고 상시근무 위주의 이른바 '3개 위주' 방침을 실제 적용해가고 있다.
3. 고무적인 것은 대다수 대중들의 아이 낳기 관념에 중대한 변화가 일어 가족계획, 좋은 아이 조금 낳기, 잘 기르고 잘 교육하기 등이 갈수록 대다수 대중들의 자각적인 운동으로 확산되고 있다는 점이다.

⓮ 人口和人口政策

1. 다음 구문을 읽어보고 뜻을 설명해 보세요.

 (1) 人口出生率   人口死亡率   自然增长率
 (2) 人口政策   控制人口   人口素质
   计划生育   人均观念   人口意识   基本国情
   优生   优育   优教
 (3) 群众路线   相信群众   依靠群众

2. 다음 문장을 읽고 번역해 보세요.

  建国四十年以来, 特别是党的十一届三中全会以来, 中国的经济发展是比较快的, 许多主要产品的产量, 如粮食、棉花、煤炭、钢铁、发电量等, 都名列世界前列, 但是由于人口基数大, 按人口平均就排到了世界的后面。到本世纪末, 经过艰苦的努力, 中国粮食总产量达到5000亿公斤, 但是由于人口将要增长到13亿, 人均占有量也只保持现有水平。人均水平上不去, 就不能不影响第二步战略的实现, 人民生活也很难有较多的改善。因此, 一定要进一步增强人口意识和人均观念, 把计划生育工作真正放在基本国策的位置上, 放在经济和社会发展全局的战略地位。

小知识

1. 중국의 인구와 경제발전

중국의 인구는 1998년까지의 통계로 12억 4810만 명인데, 이는 세계 인구의 5분의 1에 달하는 숫자다. 약 20여 년 동안 중국은 가족계획을 통해 약 2억의 인구를 억제한 결과를 가져왔는데 현재 중국 정부는 금세기 말까지 인구의 자연 증가율을 연평균 1.25% 이내로 조절할 계획이다. 이 목표가 순조롭게 도달된다면 20세기말 중국의 인구는 13억을 넘지 않을 것이라고 발표하고 있다. 통계에 의하면 중국의 국민 총생산액은 1952년의 589억 RMB에서 1989년에는 1조 3125억 RMB로 증가했다. 이는 37년간 약 10.3배의 증가를 보여 연평균 6.78%의 증가세를 보인 결과가 된다. 인구는 5억 7482만 명에서 11억 2704만 명으로 96% 증가해, 1인당 증가비율을 따져보면 4.78배에 달하게 된다. 중국정부의 인구억제 정책의 성공여부는 중국의 근대화를 제대로 실현시킬 수 있느냐 없느냐를 가름할 수 있는 중요한 변수이기도 하다.

2. 중국의 인구 관련 데이터

중화인민공화국 국가통계국의 1998년 인구 센서스에 의거한 중국의 인구관련 주요 데이터는 다음과 같다.

- 중국대륙의 인구 — 12억 4810만 명(세계 인구의 22%)
- 한 가구당 평균 인구 — 3.63명
- 남녀 비율 — 50.8:49.2
- 한족의 인구 — 91.96%
- 소수민족의 인구 — 8.04%(조선족 2.6%)
- 도시인구 — 30.4%
- 인구밀도 — 130명/Km^2
- 500명/Km^2 이상인 도시 — 상하이, 티엔진, 쨩쑤, 베이징, 산동, 허난
- 50명/Km^2 미만인 지역 — 깐쑤, 네이멍 자치구, 신쨩, 칭하이, 시쨩
- 연령별 인구 구성 — 0-14세/25.7%, 15-64세/67.6%, 65세 이상/6.7%

15 环境保护

1. 환경보호

污染	水污染	大气污染	噪音	
오염	수질오염	대기오염	소음	
废水	废气	废渣	废物	排放量
폐수	오염된 공기	폐찌꺼기	폐물	배출량

1 环境保护现已成为中国的一项基本国策，其中心内容是预防，同时把环境保护与经济社会发展结合起来。

2 环境保护是实现可持续发展的关键。作为一个发展中国家，中国始终面临这发展经济和保护环境的双重压力。

3 从1996年开始实施的"九五"计划期间，中国将重点解决**污染**控制问题，这对扭转**水污染**、**大气污染**不断加剧的趋势，保护公众健康和促进经济增长具有重大意义。

4 乡镇企业的**废水**、**废气**、**废渣**的排放量，大约占全国总量的10%。这几年，乡镇企业加强了对**污染**的处理，使每年污水减少7亿吨，废气减少1200亿立方米。

5 1990年，我国大、中城市**大气污染**程度依然比较重。工业**废水排放量**得到控制，但生活污水**排放量**增加。城市生活**噪声**呈上升趋势。工业固体**废物排放量**比上年稍有下降。

단어

- 污染 wūrǎn 오염
- 废水 fèishuǐ 폐수
- 废渣 fèizhā 폐찌꺼기
- 排放量 páifàngliàng 배출량
- 加剧 jiājù 심화되다
- 趋势 qūshì 추세
- 固体 gùtǐ 고체
- 噪声 zàoshēng 소음
- 废气 fèiqì 오염된 공기
- 废物 fèiwù 폐기물
- 发展中国家 fāzhǎnzhōng guójiā 개발도상국
- 公众 gōngzhòng 공공

번역

1 환경보호는 이미 중국의 기본 국가 정책이 되어있는데 그 중심 내용은 예방과 동시에 환경보호, 경제와 사회의 발전을 함께 결합해 나가는 것이다.
2 환경보호는 지속적인 발전을 실현해내는 관건이다. 개발도상국인 중국은 시종일관 경제발전과 환경보호의 2가지 압력에 직면해 있다.
3 1996년부터 실시된 '9차 5개년 계획' 기간 동안, 중국은 오염의 조절문제를 중점적으로 해결해 나가고자 하고 있는데, 이는 수질오염과 대기오염이 점점 심해지고 있는 추세를 다잡고 공공의 건강을 보호하고 경제성장을 촉진시킨다는 면에서 중대한 의미를 갖게 된다.
4 향진기업의 폐수, 오염된 공기, 폐찌꺼기의 배출량은 전국 총량의 10%이다. 요 몇 년 간 향진기업은 오염의 처리를 강화해 매년 7억 톤의 폐수를 감소시켰고 오염된 공기의 양도 1200억m^2나 감소시켰다.
5 1990년, 우리 나라의 대·중 도시의 대기오염 정도는 여전히 높은 편이다. 공업 폐수의 배출량은 조절이 되고 있지만 생활 오수는 배출량이 증가하고 있다. 도시 생활의 소음은 상승추세에 있다. 공업용 고체 폐기물 배출량은 작년에 비해 조금 떨어진 상태다.

2. 식수 · 조림

义务植树	绿化造林	森林覆盖率
의무식수	녹화조림	삼림 녹화율
林木覆盖率	森林蓄积量	生态环境
수목 녹화율	삼림 축적량	생태환경

1. 从1979年建立基地以来,发动广大职工和家属开展**义务植树**,绿化、美化环境,目前,绿化面积已达22.8万平方米,人均近90平方米。植树造林在这里已形成良好的风气。

2. 浙江全省**森林蓄积量**每年递增137万多平方米,森林覆盖率达45.8%,名列全国前茅。

3. 我国是个少林国家,**森林覆盖率**低,全国还有大量宜林荒山、荒滩、荒地没有造上林。林业的现状与发展国民经济和改善**生态环境**的要求还不适应,植树造林、绿化祖国的任务十分艰巨。

단어

- 义务 yìwù 봉사의, 무보수의
- 绿化 lǜhuà 녹화 사업을 하다
- 覆盖率 fùgàilǜ 녹화율
- 生态 shēngtài 생태
- 前茅 qiánmáo 톱 클래스, 최고
- 荒 huāng 황폐하다
- 植树 zhíshù 식수, 나무를 심다
- 森林 sēnlín 삼림
- 蓄积量 xùjīliàng 축적량
- 递增 dìzēng 점차 증가하다
- 宜林 yílín 나무심기에 적합한
- 滩 tān 모래사장

번역

1. 1979년 기지를 건립한 이래, 노동자와 가족을 동원한 식수 봉사 활동을 대대적으로 전개해 환경을 녹화하고 미화한 결과, 현재 녹화면적은 이미 22만 8천 m^2에 달해 1인당 평균 면적 90m^2에 근접하고 있다. 식수와 조림은 이곳에서는 이미 바람직한 분위기로 자리잡혀 가고 있다.
2. 쩌쨩 성 전체의 삼림 축적량은 매년 137만m^2 이상의 증가로 삼림 녹화율이 45.8%에 달하게 되어 전국 최고를 기록하고 있다.
3. 우리 나라는 나무가 적은 나라로 녹화율이 낮은 편이다. 전국에는 나무심기에 적합하나 아직 산림이 조성되지 않은 대규모의 황폐한 산, 황폐한 모래사장, 황무지 등이 있다. 임업의 현상태는 국민경제의 발전이 생태환경의 개선 요구들과 조화가 되지 못해, 식수조림 사업, 조국의 녹화 임무는 대단히 어려운 상황이다.

3. 야생동물의 보호

野生动物	珍稀动物	自然保护区
야생동물	희귀동물	자연보호구

1 林业部已决定将面积为20万平方公里的藏北羌塘草原建为**野生动物自然保护区**,这将是世界最大的"高原珍稀动物园"。

2 尽管我国**野生动物**保护工作取得了很大成绩,但破坏**野生动物**资源现象、捕猎**珍稀动物**的现象仍然较严重,一些**珍稀野生动物**面临灭绝的危险。

단어

- 野生动物 yěshēng dòngwù 야생동물
- 林业部 línyèbù 임업부
- 高原 gāoyuán 고원
- 灭绝 mièjué 멸종하다

〔专名〕
- 藏北 Zàngběi 시짱 북부
- 羌塘 Qiāngtáng 치앙탕

- 珍稀 zhēnxī 희귀한
- 草原 cǎoyuán 초원
- 捕猎 bǔliè 포획하다

번역

1 임업부는 이미 총면적 20만 km²에 달하는 시짱 북부 치앙탕 초원을 야생동물 자연보호구로 결정했는데, 이는 세계 최대의 '희귀 동물 고원 동물원'이 될 것이다.

2 우리 나라의 야생동물 보호 업무가 큰 성적을 내기는 했지만 야생동물자연의 파괴현상, 희귀동물 포획 현상 역시 비교적 심각한 상황으로, 일부 희귀 야생동물은 멸종의 위기에 직면해 있다.

⑮ 环境保护

1. 다음 구문을 읽어보고 뜻을 설명해 보세요.

(1) 生态环境　　　　保护生态环境　　　改善生态环境
　　污染　　　　　　污染处理　　　　　污染程度
　　大气污染　　　　水污染　　　　　　废气
　　废水　　　　　　废渣　　　　　　　废物
　　工业废气　　　　污水　　　　　　　生活污水

(2) 植树　　　　　　植树造林　　　　　义务植树
　　绿化　　　　　　绿化造林　　　　　绿化祖国
　　森林覆盖率　　　林木覆盖率　　　　绿化覆盖率
　　森林蓄积量　　　森林资源

(3) 野生动物　　　　珍稀动物　　　　　珍稀濒危动物
　　野生动物资源　　自然保护区

2. 다음 문장을 읽고 번역해 보세요.

高尔夫与环保

据不完全统计,目前我国已建成和正在建的高尔夫球场达百余个。不少外商对此项投资很感兴趣。然而,高尔夫球场所带来的环境问题却很少有人注意。

专家指出,今后我国在审批高尔夫球场建设项目时,一要严格坚持利用荒地、不占耕地原则；二要重视环境评估,减少和避免生态破坏及污染,使高尔夫球真正成为"绿色运动"

小知识

1. 중국의 식목일

중국의 식목일은 3월 12일로 중국어로는 '植树节'이다. 매년 이 날이 되면 중국 전지역에서는 나무심기 행사가 진행된다. 이 행사는 1981년부터 시작되었는데 당시 상황은 다음과 같다. 그 해 12월 13일 제5기 인민대표대회 제4차 회의는 떵샤오핑의 제안을 기초로 한 '전국민의 식수 봉사운동을 전개할 것에 대한 결의'를 통과시켰다. 이 '결의'는 일정 연령에 달한 국민 한 사람당 세 그루에서 다섯 그루의 나무를 의무적으로 심도록 규정한 것이다. 그 후 10여 년 간 전국적으로 나무심기 운동에 참가한 인원은 약 20억 명에 달하며 100억 그루의 나무를 심었다.

2. 중국의 토지 면적 단위

亩 중국의 농업 생산량을 보도하는 뉴스를 들어보면 '亩产'이라는 단어가 자주 등장하는데 이는 1亩당 생산량을 나타내는 단어이다. 일반적으로 중국의 토지면적 단위로는 '市顷-shìqǐng', '市亩- shìmǔ', '市分 - shìfēn', '市厘- shìlǐ' 등이 사용되고 있다. 1顷은 100亩, 1亩는 10分, 1分은 10厘이다. 1顷은 6.6667 헥타아르이고, 1亩는 15분의 1헥타아르에 해당되며 이런 도량형을 통털어 '市制'라고 부른다. 이들은 국제규격과는 거리가 있어 중국이 대외적으로 통계를 발표할 때나, 외국 국가들과 계약을 체결할 때는 일률적으로 km², ha, m² 등의 국제 단위를 사용하고 있다. 이는 중국국가기술감독국, 국가토지관리국, 농업부가 합동으로 결정한 것으로 1992년 1월 1일부터 시행되고 있다.

1. 대외관계

> **(1) 同~建立 / 发展 / 加强 / 改善 / 恢复~关系**
> ~와 관계를 건립 / 발전(시키다) / 강화 / 개선 / 회복하다
>
> | 外交关系 | 睦邻关系 | 战略关系 |
> |---|---|---|
> | 외교관계 | 선린관계 | 전략적 관계 |

1. 中国奉行独立自主的和平**外交**政策,不同任何大国结盟或建立**战略关系**。中国愿意在和平共处五项原则基础上**发展**同世界各国的友好合作**关系**。

2. 中国重视同周边国家发展**睦邻**友好**关系**。……中国同印度尼西亚共和国恢复了**外交关系**,同新加坡共和国建立了外交关系,为我国发展同这两个国家的友好关系开辟了广阔的前景。

3. 希望中日两国官方和民间共同努力,把中日关系不断推向前进,使中日两国人民世世代代友好下去。

단어

- 奉行 fèngxíng 실현하다
- 结盟 jiéméng 동맹을 맺다
- 睦邻 mùlín 선린
- 前景 qiánjǐng 앞날, 전망
- 世世代代 shìshìdàidài 대대로
- 和平 hépíng 평화
- 共处 gòngchǔ 공존하다
- 开辟 kāipì 개척하다, 열다
- 官方 guānfāng 정부, 당국

〔专名〕
- 印度尼西亚 Yìndùníxīyà 인도네시아
- 新加坡 Xīnjiāpō 싱가폴

번역

1 중국은 독립적이고 자주적인 평화 외교 정책을 지향하는 바, 어떤 대국과도 전략적 관계를 결성하거나 수립하지 않는다. 중국은 평화 공존 5원칙의 기초 위에서 세계 각국과 우호 협력의 관계를 발전시켜 나가기를 원한다.

2 중국은 주변 국가들과 선린우호 관계를 발전시켜 나가는 것에 큰 관심을 기울이고 있다… 중국은 인도네시아공화국과 외교관계를 회복했고, 싱가폴 공화국과는 외교관계를 수립함으로서 우리 나라가 이들 2개 국가와 우호관계를 발전시켜 나갈 수 있는 길을 열었다.

3 중국과 일본의 정부와 민간은 중일관계가 지속적으로 전진해 가도록 공동으로 노력하여 중국과 일본 양국 국민들이 자자손손 대를 이어 우호관계를 지속시켜 나갈 수 있게 되기를 희망한다.

⓰ 国际

(2) **发展中国家** **发达国家** **国际政治新秩序**
개발도상국 선진국 국제정치의 새로운 질서

国际经济新秩序 **世界和平** **人类进步** **国际合作**
국제경제의 새로운 질서 세계평화 인류의 진보 국제협력

1. 中国既向**发达国家**开放,也向**发展中国家**开放,在平等互利的基础上积极开展广泛的**国际合作**,促进共同发展。

2. 我们要发展同世界各国的友好关系,同各国人民一道,为建立**国际政治新秩序**和**经济新秩序**,维护**世界和平**,促进**人类进步**事业,做出应有的贡献。

(3) **独立自主** **和平共处** **和平外交政策**
자주독립 평화공존 평화외교 정책

五项原则 **霸权主义** **强权政治**
5개항 원칙 패권주의 강권정치

1. 我们要继续奉行**独立自主**的**和平外交政策**,反对**霸权主义**和**强权政治**……

2. [标题] 刘华清(Liú Huáqīng)同希拉克(Xīlākè)会见
   指出中国执行的是防御性国际政策,不威胁任何国家

3. 只要这些[建立区域组织和集团的]主张有利于促进世界经济发展,有利于各国各地区加强经济贸易交流和合作,而不是排斥其他国家和地区,我们都是赞赏的。

 **단어**

- 一道 yídào 함께
- 霸权主义 bàquán zhǔyì 패권주의
- 防御 fángyù 방어하다
- 威胁 wēixié 위협하다
- 排斥 páichì 배척하다
- 维护 wéihù 옹호하다
- 强权政治 qiángquán zhèngzhì 강권정치
- 国防 guófáng 국방
- 区域 qūyù 구역, 지역
- 赞赏 zànshǎng 칭찬하다, 지지하다

번역

(1) 1 중국은 선진국에도 개방을 할 뿐만 아니라 개발도상국을 향해서도 개방을 하면서, 호혜평등의 기초 위에서 광범위한 국제협력을 적극적으로 전개해 나가 공동의 발전을 촉진해 가고 있다.

2 우리는 세계 각국과 우호관계를 발전시켜 나가기 위해서, 각국의 국민들과 함께 국제정치의 새로운 질서와 경제의 새로운 질서를 건립하고 세계 평화를 수호하며 인류 발전을 촉진시키는 등 마땅히 해야 할 공헌을 해내고 있다.

(2) 1 우리는 독립 자주적 평화 외교 정책을 계속해서 실현해나가며 패권주의와 강권정치 등을 반대하고자 한다.

2 [표제] 리유화칭과 시라크의 회견
중국이 집행하고 있는것은 방어적 국제정책으로 어떠한 국가도 위협하지 않는다는 점을 지적했다.

3 이들 '지역조직이나 집단을 건립하고자 하는 단체'의 주장이 세계 경제 발전을 촉진시키는 데 유리하고, 각 나라와 각 지역들의 경제 무역 교류와 합작에 유리하며, 다른 나라와 지역들을 배척하지 않는다면 우리는 모두 찬성하는 바이다.

2. 국제관계

协商解决 협상을 통한 해결	**一律平等** 일률적 평등	
互相尊重 상호존중	**互不侵犯** 상호불가침	**互不干涉** 상호불간섭

1. 国际新秩序应该建立在所有国家不分大小强弱**一律平等**和**互不干涉**内政的基础上，国际事务应由各国**协商解决**，而不应由一两个大国垄断。

2. 钱其琛(Qián Qíchēn)外长建议各国在互相尊重主权和领土完整、**互不侵犯**、**互不干涉**内政、和平共处的原则基础上建立和发展政治、外交和经济关系。

3. 中、俄、英、法、美五个常任理事国外长今天在联合国总部联合发表声明。声明重申它们对联合国的承诺，对世界各地区的冲突表示深切关注，对联合国在维护国际和平与安全等方面所作的工作表示赞赏。

단어

- 干涉 gānshè 간섭하다
- 垄断 lǒngduàn 좌지우지 하다, 독점하다
- 完整 wánzhěng 보전, 완전
- 常任理事国 chángrèn lǐshìguó 상임이사국
- 承诺 chéngnuò 승낙하다, (약속)이행하다
- 事务 shìwù 업무, 사무
- 主权 zhǔquán 주권
- 侵犯 qīnfàn 침범하다
- 总部 zǒngbù 총본부
- 关注 guānzhù 관심을 기울이다

번역

1. 국제 사회의 새로운 질서는 모든 국가들이 크든 작든 강하든 약하든 일률적으로 평등하고 상호 내정을 간섭하지 않는 기초 위에 건립되어야 한다. 또 국제 사회의 현안들은 각국의 협상을 통해 해결해야 하며 한두개의 강대국이 좌지우지해서는 안된다.
2. 치엔치천 외교부장은 각국이 주권과 영토의 완전성을 상호존중하고 상호불가침을 지키고 상호간에 내정을 간섭하지 않으며 평화적으로 공존한다는 원칙들의 기초 위에 정치, 외교, 경제관계를 건립하고 발전시킬 것을 건의했다.
3. 중국, 러시아, 영국, 프랑스, 미국 등 5개 상임이사국 외교부 장관들은 오늘 UN 총본부에서 공동 성명을 발표했다. 성명에서는 그들이 UN에 대한 약속을 이행할 것을 밝히고, 세계 각 지역의 충돌에 대해 비상한 관심을 표명했으며, UN이 국제 평화와 안전을 유지하면서 실행한 업무들에 대해 지지와 신뢰를 표명했다.

⓰ 国际

1. 다음 구문을 읽어보고 뜻을 설명해 보세요.

　　(1) 建立关系　　　　发展关系　　　　加强关系
　　　　改善关系　　　　恢复关系
　　(2) 积极的努力　　　自己的努力　　　应有的努力
　　　　积极的贡献　　　自己的贡献　　　应有的贡献
　　(3) 世界和平　　　　人类进步　　　　独立自主
　　　　国际合作　　　　和平共处　　　　互相尊重
　　　　互不干涉　　　　互不侵犯

2. 다음 문장을 읽고 번역해 보세요.

　　(1) 近几年来，世界形势发生了巨大的变化，战后四十多年形成的旧格局已经打破，新的格局正在形成，中国是一个发展中的社会主义国家，需要一个长期的国际和平环境，以更好地进行现代化建设。怎样创造这样一个良好的环境，我认为，就是坚持独立自主的和平外交政策，坚持和平共处五项原则。

　　(2) 中国认为，未来的国际政治经济新秩序应该建立在和平共处五项原则的基础上。由一个国家或几个国家来领导全世界，将是很危险的。我们认为，世界上所有国家不分大小、贫富、强弱，都是世界大家庭中平等的一员，对世界和平与发展既享有平等的权利，也有各自应尽的义务。

139

小知识

1. 평화공존 5원칙 [和平共处五项原则]

1954년 중국은 인도와 '중국 시짱 지역과 인도간의 통상과 교통에 관한 협정'을 맺으면서 '상호 주권과 영토보존의 존중', '상호 불가침', '상호 내정불간섭', '호혜평등', '평화공존'의 5가지 원칙을 세웠다. 같은 해 6월 중국과 인도, 중국과 미얀마는 이러한 5가지 원칙을 다시 확인했으며, 그 후 이들 5가지 원칙은 국가간의 문제를 처리하는 데 필요한 기본 원칙으로 받아들여지고 있다.

2. 국제 지역조직과 단체들의 약칭

- 阿盟 — 阿拉伯国家联盟 [아랍국가 연맹]
- 北约 — 北大西洋组织 [북대서양조약기구(NATO)]
- 不结盟运动 — 不结盟国家和政府首脑会议 [비동맹 국가회의]
- 东盟 — 东南亚国家联盟 [동남아 국가 연맹(ASEAN)]
- 非统 — 非洲统一组织 [아프리카 통일기구]
- 海湾合作委员会-海湾阿拉伯国家合作委员会 [걸프만 협력회의(GCC)]
- 欧安会 — 欧洲安全和合作会议 [유럽안전보장 협력회의]
- 欧共体 — 欧洲共同体 [유럽공동체(EC)]
- 欧佩克 — 石油输出国组织 [석유수출국 기구(OPEC)]
- 亚太经合组织 — 亚洲太平洋区域经济合作组织
  [아시아 태평양 경제협력회의(APEC)]

17 因特网和信息社会

1. 인터넷과 정보화 사회

(1) 电脑 컴퓨터	电子函件 E-메일	浏览 브라우저로 정보 찾기	信息 정보
因特网 인터넷	中文平台 중국어 플랫폼	网点 네트워크노드	下载 다운받기

1. 多数海外读者在来信中反映，他们在国外购买的**电脑**中没有配置**中文平台**，这使他们无法发送、接收中文**电子函件**，无法**浏览因特网**上的中文**信息**。

2. 填写完登记表后，您可以看到北京、美国、德国等10个可以**下载**最近Rich Win的**网点**，您应该就近选择一个**网点**，以节约时间和**下载**费用。

3. 免费**下载**的软件可以使用30天，30天后此软件的大部分功能就失效了。

단어

- 电脑 diànnǎo 컴퓨터
- 电子函件 diànzǐ hánjiàn E-메일
- 浏览 liúlǎn 브라우저로 정보찾기
- 信息 xìnxi 정보
- 下载 xiàzài 다운받기
- 中文平台 Zhōngwén píngtái 중국어 플랫폼(중국어 환경과 운영체제)
- 因特网 yīntèwǎng 인터넷
- 网点 wǎngdiǎn 네트워크 노드

번역

1 많은 해외 독자들은 편지를 보내와, 그들이 국외에서 구매한 컴퓨터에는 중국어 플랫폼(환경과 운영체제)이 설치되어 있지 않아, 중국어 E-메일을 보내거나 받아볼 수 없고, 또 인터넷 내부의 중국어 정보들을 브라우저로 찾을 수 없다고 말하고 있다.
2 접수란을 채워 넣으면, 당신은 최신 RichWin 소프트 웨어를 다운받을 수 있는 베이징, 미국, 독일 등 10개의 네트워크 노드를 볼 수 있는데, 당신은 가장 가까운 곳의 네트워크 노드를 하나 선택하여 시간과 다운 비용을 절약해야 할 것이다.
3 무료로 다운받는 소프트 웨어들은 30일을 사용할 수 있고, 30일이 지나면 이들 소프트 웨어는 대부분 기능이 사라져 버린다.

⓱ 因特网和信息社会

(2) 用户 사용자　　**浏览器** 브라우저　　**国际互联网络** 인터넷

键入 키보드로 입력하다　　**网上** 인터넷 사이트　　**调制解调器** 모뎀　　**网络** 네트워크

1　**用户**在接通**国际互联网**后，只要在**浏览器**上**键入**http://www.cei.go.cn，就可以进入"经济要闻"进行阅读。

2　对**网上**的内容，用户还可以任意进行剪辑、复制，可以以"经济要闻"为素材，编辑制作自己的每日国内外经济动态或简报，以供有关人士参考。

3　目前，**网上**的中文平台同**调制解调器**、**网络**软件已经成了国内市场上主流电脑的标准配置，在中国市场上销售的IBM、HP、AST等几乎所有的外国电脑也都无一例外。

143

단어

- **用户** yònghù user, 사용자
- **键入** jiànrù 키보드로 입력하다
- **复制** fùzhì 복사
- **调制解调器** tiáozhì jiětiáoqì 모뎀
- **浏览器** liúlǎnqì 브라우저
- **剪辑** jiǎnjī 편집
- **网上** wǎngshàng 인터넷 또는 사이트
- **网络** wǎngluò 인터넷 또는 네트워크

번역

1. User들은 인터넷에 접속한 뒤 브라우저에서 'http://www.cei.go.cn'을 키보드로 쳐 넣기만 하면 '經濟要聞' 사이트로 들어가 내용을 읽을 수 있다.
2. 인터넷의 내용에 대해서, user들은 마음대로 편집, 복사 등을 할 수 있어, '經濟要聞'을 소재로 자신만의 매일 매일의 국내외 경제 동향이나 소식지 등을 편집 제작해 관련 인사들에게 참고로 제공할 수도 있다.
3. 현재, 인터넷에 필요한 중국어 플랫폼(환경과 운영체제)과 모뎀, 인터넷 소프트웨어들은 이미 국내 시장의 주력 컴퓨터들에 표준 설치되고 있는데, 중국 시장에서 판매되고 있는 IBM, HP, AST 등 거의 모든 외국 컴퓨터들도 모두 예외가 없는 실정이다.

⑰ 因特网和信息社会

(3) 计算机	传真	数控	端子
컴퓨터	팩스	디지털 컨트롤	단자
移动电话	**卫星**	**联网**	
핸드폰	인공위성	네트워크 연결	

1. 和十年前不同，今天**计算机**的主要使用者从专业技术人员变成了普通大众。翻译**计算机**图书要求翻译者不但有良好的外语水平，更要对**计算机**技术有深入的了解，而且还要能以浅显流畅的汉语把愿意表述明白。

2. 日本发明一种能**传真**的照相机，它可以让人们边照相边迅速地把所有拍到的照片传送到世界各地。这种照相机是在一个**数控**的照相机上装上一个电话**端子**，配上一部**移动电话**，同时与**卫星**和电话网**联网**。

단어

- **计算机** jìsuànjī 컴퓨터
- **浅显流畅** qiǎnxiǎn liúchàng 쉽고 유창한
- **照相机** zhàoxiàngjī 카메라
- **端子** duānzǐ 단자
- **卫星** wèixīng 인공위성
- **网页** wǎngyè 홈 페이지
- **翻译** fānyi 번역
- **传真** chuánzhēn 팩스
- **数控** shùkòng 디지털 컨트롤
- **移动电话** yídòng diànhuà 핸드폰
- **联网** liánwǎng 네트워크 연결

번역

1 10여 년 전과는 달리 오늘날의 컴퓨터 주사용자는 전문 기술요원에서 일반 대중으로 변해가고 있다. 컴퓨터 도서를 번역하기 위해서는 번역자가 훌륭한 외국어 수준을 갖추고 있어야 함은 물론 컴퓨터 기술에 대해 깊은 이해가 있어야 하고, 또한 쉬우면서도 유창한 중국어로 원래의 뜻을 분명하게 전달할 수 있어야 한다.

2 일본은 팩스 기능이 가능한 카메라를 발명했는데, 이 카메라는 사진을 찍으면서 찍은 모든 사진들을 신속하게 세계 각국으로 전송할 수 있다. 이런 카메라는 디지털 컨트롤이 가능한 카메라에 하나의 전화 단말기를 집어넣은 것으로, 여기에 핸드폰을 접속하면 인공위성 그리고 전화통신망과 동시에 네트워크로 연결할 수 있다.

⓱ 因特网和信息社会

1. 다음 구문을 읽어보고 뜻을 설명해 보세요.

   (1) 电脑   中文平台   电子函件   浏览

        因特网   信息   网点   下载

   (2) 用户   国际互联网络   浏览器   键入

        剪辑   复制   上网   调制解调器

        网络

   (3) 计算机   翻译   浅显流畅   传真

        照相机   数控   端子   移动电话

        卫星   联网

2. 다음 문장을 읽고 번역해 보세요.

    目前, Rich Win已经成为国内外许多公司的标准中文环境, 如百事可乐、耐克、加拿大北方电讯、香港电话公司、新加坡教育部等, 并预装在华语地区销售的IBM、HP等等品牌的电脑中。

小知识

1. 인터넷으로 중국 이해하기

초보자 추천 사이트: http://www.srsnet.com-四通利方公司의 사이트로 전세계에서 가장 많은 중국인들이 드나드는 곳이다. 시사, 경제, 정치, 스포츠, 컴퓨터, 문화예술, 음악영화, 생활오락, 게임, 여행 등 중국의 거의 모든 정보가 모여있는 곳이다. 여기를 마스터한 후 신문, 박물관, 학교 등 관심분야로 옮겨갈 수 있다. http://www.chinatoday.com도 추천할 만하다.

2. 컴퓨터 및 인터넷 용어

- 暗号 패스워드 - 흔히 密码로 알고 있으나 컴퓨터 전문용어로는 密码와 구분.
- 奔腾 펜티엄
- 彩色打印机 컬러 프린터
- 激光打印机 레이저 프린터
- 只读光盘 CD-ROM
- 文本 텍스트
- 程序 프로그램
- 格式化 포맷
- 驱动器 드라이버
- 视窗98 윈도우 98
- 滑鼠 마우스
- 手机 핸드폰
- 动画 애니메이션
- 国际电脑网络 인터넷(홍콩)
- 网址 인터넷 어드레스
- 电子邮件 E-메일
- 电子邮件地址 E-메일 주소
- 共享软件 쉐어 웨어
- 病毒 바이러스
- 彩色扫描器 컬러 스캐너
- 数据 데이터
- 菜单 메뉴
- 文件 파일
- 程序设计师 프로그래머
- 磁盘 디스크
- 微软 마이크로 소프트
- 硬件 하드 웨어
- 键盘 키보드
- 多媒体 멀티미디어
- 国际互联网络 인터넷
- 国际网继网络 인터넷(타이완)
- 局域网 LAN
- 电子函件 E-메일
- 书签 북 마크

부록

1 访问和会谈

江主席将出访亚洲四国出席亚太经合组织会议

新华社北京11月19日电 外交部发言人今天在记者招待会上宣布,国家主席江泽民将于11月26日至12月5日对菲律宾(Fēilǜbīn 필리핀)、印度(Yìndù 인도)、巴基斯坦(Bājīsītǎn 파키스탄)和尼泊尔四国进行国事访问。在此之前,江泽民主席将于11月24日至25日出席在菲律宾举行的亚太经济合作组织第四届领导人非正式会议。

发言人说,江泽民主席访问亚洲四国是对四国国家元首的回访,也是中菲、中印建交以来,中国国家主席首次往访。访问期间,江主席将与四国领导人进行会谈和会见,就双边关系和共同关心的国际和地区问题广泛、深入地交换意见。我们相信,江主席的访问对中国与四国双边关系具有重要历史意义,对维护亚洲地区乃至世界的和平与稳定也将产生积极影响。

李鹏会见日本时事社社长

本报北京12月4日讯 今天下午,国务院总理李鹏在人民大会堂会见以村上政敏(Cūnshàng Zhèngmǐn)为团长的日本时事社代表团时表示,希望村上社长此行能增加对中国的了解,同时,加强时事社与新华社的友好合作与业务交流。

会见中,李鹏就中日关系等问题回答了村上政敏的提问。

日本时事社代表团是应新华社的邀请来中国进行访问的。

新华社社长郭超人(Guō Chāorén)、国务院外办副主任吕聪敏(Lǚ Cōngmǐn)会见时在座。

中华人民共和国主席令
第十九号

《中华人民共和国职业教育法》已由中华人民共和国第八届全国人民代表大会常务委员会第十九次会议于1996年5月15日通过,现予公布,自1996年9月1日起施行。

中华人民共和国主席 江泽民
1996年5月15日

---

2 会议

全国政协今天上午在人民大会堂隆重举行孙中山(Sūn Zhōngshān)先生诞辰(dànchén)130周年纪念大会。中共中央总书记、国家主席江泽民在会上发表了重要讲话。

江泽民、李瑞环、朱容基(Zhū Róngjī)、荣毅仁(Róng Yìrén)等党和国家领导人出席了会议,并在大会开始前亲切会见了孙中山先生的亲属和海外来宾,与他们合影留念。

纪念大会由中共中央政治局常委、全国政协主席李瑞环主持。

民革中央主席何鲁丽和台盟中央主席蔡子民(Cài Zǐmín)分别代表民革中央和各民主党派、全国工商联、无党派代表人士、各人民团体先后在纪念大会上讲了话。

参加今天纪念大会的领导人还有:……

出席今天纪念大会的还有:中直机关和国务院各部委负责同志,中央军委、解放军三总部和各军兵种负责同志,北京市党政军群负责同志,各民主党派、无党派民主人士和全国工商联负责人,孙中山先生的亲属、台港澳同胞、海外侨胞和国际友人,以及首都各界人士等共一万多人。

3 政治

乔石接受美国记者采访 [节录]

问: 全国人大与中国共产党的关系是怎样的？

答: 中国共产党是社会主意事业的领导核心。国家机关在党的领导下工作。全国人大及其常委会在党的领导下，依法行使职权，开展工作，努力贯彻党的路线、方针、政策，全心全意地为全国人民服务。党领导国家机关，但并不代替国家机关的工作。党的领导主要是政治、思想和组织的领导。党对国家事务的领导，主要是政治原则、政治方向、重大决策的领导和向国家机关推荐重要干部。党组织关于国家事务的重大决策，凡是应当由人大和人大常委会决定的事项，都要经人大或人大常委会通过法定程序变成国家意志。

中国政治经济改革同步进行

中国政治、经济形势的稳定使我们在今年以来有条件采取一些较大的改革步骤。中国的政治体制改革是与经济体制改革同步进行的。这种政治体制改革是适合中国国情的，并且以稳定为前提。我们将进一步发挥各级人民代表大会的作用，坚持和加强中国共产党领导的多党合作和政治协商制度，进一步发挥人民和舆论对各级政府的监督作用。

北京人口离婚率提高了。[节录]

北京人15-19岁、20-29岁两个年龄段的人口比例下降，分别比5年前下降了1.77％和5.76％，相反，50岁以上人口比重则上升，增加1.14％

目前，有配偶人口占75.33％，比5年前上升了3.13％。但年轻人有配偶比例下降，年长者有配偶比例上升。调查中，北京人的离婚率为了1％，比5年前上升0.27％。从年龄段看，50岁以下的中青年离婚率迅速上升，而50岁以上人口离婚率呈下降趋势，比5年前下降了0.04％。离婚率最高的年龄段为30-39岁，而5年前是40-49岁，离婚人口正年轻化。

水产品是优质粮食

全球水产品总产量1950年只有2000万吨，到60年代就迈上了5000万吨的台阶，目前达到了1亿吨的水平。一个最基本的原因，就是人类对水产品需求量的增加。据有关资料介绍,日本和我国台湾省每年人均直接消费粮食都只有90多公斤，但人均消费水产品却很高,日本高达80公斤。

我国建国初期的短短几年中，水产量就从1949年的40多万吨增长到1957年的312万吨。1985年以来，我国渔业进入了快速发展的新时期，1990年起水产品产量跃居世界首位，去年，达到了2517吨，占全球总产量的1/4，年均增长率高达11.6％，而同期世界的平均增长率只有2-3％。

4 统计

4 统计

我国钢产量跃居世界第一

年产量突破一亿吨　　产销率保持在99%左右

本报北京12月31日电 冶金部部长刘淇(Liú Qí)今天宣布：1996年我国钢产量突破一亿吨，跃居世界第一位。这是我国钢铁工业发展进程中一个新的里程碑。

据介绍，我国从1890年张之洞(Zhāng Zhīdòng)创办汉阳(Hàn yáng)铁厂到1948年的半个多世纪中，产钢总量仅760万吨。新中国成立后八年，全国钢产量达到535万吨。从1978年到"六五"末期，钢产量从3178万吨提高到4679万吨。从80年代末到90年代，我国钢铁工业发展进一步加快：1989年钢产量超过6000万吨，1991年超过7000万吨，1992年超过8000万吨，1994年超过9000万吨。更为可喜的是，在数量快速增长的同时，我国钢铁工业结构也发生了巨大的变化。工艺技术落后的平炉钢(pínglúgāng)的比重，1996年仅为12%，比建国初期下降了67个百分点。转炉钢(zhuànlúgāng)1996年占70%，比建国初期上升了69个百分点……目前，我国钢材自给率已达到88%，产销率保持在99%左右。

5 经济

短文

《人民日报》社论：
把握大局，继续前进 [节录]

今年，是"九五"第一年。整个经济形势继续朝着好的方向发展。显著标志是：既保持了经济快速增长，又有效地抑制了通货膨胀(tōnghuò péngzhàng)；社会总供求趋于基本平衡，宏观(hóngguān)经济环境得到进一步改善；改革开放不断深化，经济和社会协调发展。对于已取得的成绩，应当给予足够的估价。同时，对当前经济生活中存在的矛盾和问题也不能低估。

新的一年里，只要我们坚持邓小平建设有中国特色社会主义理论和党的基本路线，紧密团结在以江泽民同志为核心的党中央周围，振奋精神，扎实工作，就一定能够把改革和发展的各项事业继续推向前进。

简讯
发展中国家经济今天将继续保持增长

1996年，发展中国家的经济将增长4.5％，其中中国的经济将增长9％。与此同时，工业发达国家的经济增长率将为2.2％。这是联合国贸易和发展会议的年度报告作出的预测数字。

6 工业

我国原油年产突破1.5亿吨
提前实现国家提出的2000年原油产量目标

据中国石油天然气总公司(Zhōngguó ShíyóuTiānránqì Zǒnggōngsī 중국석유천연가스사)统计资料表明,截至12月14日,我国原油产量达到1.5亿吨。这是继1978年以来踏上的又一个大的台阶。

1965年,由于大庆油田(Dàqìng Yóutián 대경유전)的开发,我国原油年产量达到1000万吨,实现原油的基本自给。1978年产油达到1亿吨,使我国进入世界产油大国的行列。"七五"、"八五"期间,陆上石油工业在勘探开发难度越来越大的情况下,实施"稳定东部、开发西部"的战略,原油产量连年稳中有升,海洋石油开发也逐年上升,全国原油产量终于在今年突破1.5亿吨大关。预计全年可超过1.55亿吨,提前实现国家提出的2000年原油产量的目标。

必须把提高经济效益放在突出位置

解决当前经济运行中存在的问题,必须把提高经济效益放在突出位置,把大中型企业搞活。

片面追求产值和速度的倾向要克服,要牢固树立速度与效益统一的观念。几十年的经验证明,单纯追求速度害人不浅。翻番是战略任务,但前提是提高经济效益。

技术改造要以开发新产品,更新设备、工艺,节约能源、原材料为中心,以调整产品结构、提高经济效益为目的。要增强企业自我改造的机制,主管部门和地方政府要减少行政干预。

7 农业

发展农业要把科技放在首位

我国农业可以用两句话来概括(gàikuò)：一句是建国以来特别是改革开放以来，我国农业有了很大发展，我国用占世界7％的耕地养活了占世界22％的人口，这是了不起的成就；一句是：我国农业发展仍然滞后(zhìhòu)，与国民经济和人民生活日益增长的需求，还不相适应，我国71.1％以上的人从事农业、种地、搞饭吃，说明我国农业集约化(jíyuēhuà)、现代化水平还很低。

发展农业的希望在科技，潜力在科技，出路在科技，发展农业要把科技放在首位。

乡村，认城市人羡慕

江南无锡县农村改革后最突出的变化是村村办起了工厂。全县60％的劳力在乡村工厂做工。全县农民从集体企业中年人均收入1000元。在这里，"农转非"的问题不存在了。居住在城市的人们开始羡慕农村居民的生活。从无锡县可以清楚地看出，乡村工业的发展是中国农村继实行家庭联产承包责任制以后，又一次历史性的进步！

在无锡县乡村工农业总产值中，工业的比重已超过95％，1990年乡村工业总产值101.08亿元，上交国家税收4亿元，成为我国乡村工业和乡村工业财政收入的第一大县。

近十年无锡县的乡村，从自己利润中拿出6亿多元的资金支援农业。建国初期，无锡县的粮食产量在2.5亿公斤上下。80年代初提高到4.5亿公斤。以后的十年中，粮食产量突破了5亿公斤，每年向国家提供商品粮1.5亿公斤。

8 交通、邮电

长春至四平高速公路建成通车

在国庆节即将来临之际，长春(Chángchūn 창춘)至四平(Sìpíng 쓰핑)高速公路于9月19日建成通车。公路全长133公里，双向(shuānxiàng)四车道(chēdào)，全封闭(fēngbì)，全立交(lìjiāo)，设计时速(shísù)为120公里。

新疆光缆通信干线开通运行

新疆光缆通信干线11月29日开通运行，并与已建成开通的亚欧光缆新疆段及23条地、州、至县的光缆沟通，使新疆光缆通信干线总长达7600余公里。投资4.17亿元建成的光缆通信干线，近期可提供3.8万条长途电路。

道路运输取得瞩目成果
全国公路里程100多万公里
八成行政村能通汽车

占社会客货运输总量83.93％和74.3％的道路运输业已成为我国交通运输的最大行业。目前，我国的公路里程已增长到102.83万公里，全国80％以上的行政村都通了汽车。1990年全国民用汽车拥有量557万辆，其中载货汽车373.1万辆，载客汽车177.6万辆，均比建国初增长100多倍。

党的十一届三中全会以后，我国道路运输形成了多种经济成分共同发展的新格局。道路客货运输量在各种运输方式中所占比重逐年上升，1990年旅客运输量已达66亿人次、2600亿人公里，货物运输量71.9亿吨、3441亿吨公里，使长期以来困扰人们的运货难、乘车难的紧张状况得到缓解。

9 商业

农民想要买点啥？

一些从温饱型走向小康型生活水平的农民说，现在不是买啥买不到，而是不知道再该买点啥。

辽宁省本溪市一个农民告诉记者，他和他的儿女家中，彩电、电冰箱、摩托车……，几乎应有尽有，下一步就不知道再该买什么好了。他们说，70年代有老"三大件"：手表、自行车、缝纫机。80年代有新"三大件"：电视机、电冰箱、洗衣机。到了90年代却未见新的"三大件"问世，缺少能刺激农民进一步消费的增长点。由于没啥可买，一些富裕起来的农民只好把钱存在银行里。在辽宁一个比较贫困的县，今年1－9月份，储蓄余额比去年同期增加了2870万元。

开拓农村市场，需要工商企业真正深入农村，了解农民需求，这样，富裕起来的农民才不会"没啥可买"。

菜篮充盈看供求

目前，记者从农业部门获悉，今年全国禽、肉、蛋、奶、水产品、果蔬全面丰收，"菜篮子"产品稳步增长，产销两旺。…

"菜篮子"产品的发展和市场供应的改善，为实现治理通货膨胀为目标的宏观调控作出了积极的贡献。今年前三季度，食品类价格比上年同期上涨8.6％，涨幅回落20.2个百分点，影响价格总水平回落7.8个百分点。即，在同期社会商品零售价格总水平回落的10个百分点中，有3/4是食品价格回落的功劳。可见，"菜篮子工程"的实施，确实起了保障供给，稳定物价的作用。

10 对外经贸合作

人民币外汇价
[中国人民银行公布]

外币名称	中间价
100美元	830.13
100日元	7.3271
100港元	107.37

（据新华社北京1996年12月5日电）

世行说中国经济形势很好

新华社华盛顿5月29日电 世界银行28日发表一份有关中国的专题报告说，1996年中国经济发展形势很好，但为了保持高速、低通胀(tōngzhàng)的经济增长，还须深化改革。

报告指出，1995年，中国成功地把通胀率降到了15%以下，并使经济增长率保持在10%以上。外国直接投资达380亿美元，外汇储备已愈730亿美元。

世行报告认为，1996年中国力争把通胀率降到10%以下并使经济增长速度维持在8%到9%，目前形势不错。

世行认为，中国要在保持经济高速增长的情况下不引发通货膨胀，应进一步促进国营企业和金融(jīnróng)部门面向市场，重视政府财政支出向诸如(zhūrú)医疗卫生、教育、减少贫困、基础设施建设和环境保护等优先项目的倾斜。

11 教育、科技、文化

希望工程在西藏开花结果

西藏青少年发展基金会秘书长告诉记者,希望工程在西藏实施四年来,已累计筹资3000多万元,建立希望小学100所;累计投入救助资金近3000万元,救助失学儿童7000人。目前,8000多名学生在已建希望小学就读。希望工程有力地促进了西藏乡村基础教育的发展,对加强全区社会主义精神文明建设产生深远影响。

"八五"攻关计划创经济效益逾600亿元

"八五"科技攻关计划已圆满完成,累计取得直接经济效益600亿元。

五年来,十万科技大军团结协作,共获得科技成果6万多项,达到国际先进水平的占35%,国内领先水平的占36%,新产品、新工艺5000项,新材料近3000种。攻关的大部分成果已在和正在经济建设中推广应用,为推动我国物质文明和精神文明建设作出了巨大贡献。

文艺界部分人士座谈六中全会决议精神
文艺工作者要当好"人类灵魂工程师"

在今天召开的文艺界部分知名人士学习贯彻十四届六中全会精神座谈会上,与会作家、艺术家表示,六中全会为繁荣社会主义文艺指明了方向,文艺工作者应该像《决议》指出的那样,做"人类灵魂工程师",把最好的精神食粮贡献给人民。

与会者充分肯定文艺界的成就和大好形势,也对那种淡漠(dànmò)"二为"方向、远离群众实践、推崇(tuīchóng)腐朽文艺思潮、"一切向钱看"的倾向提出了批评。

12 体育

第三届全国农民运动会在沪开幕
姜春云代表党中央国务院出席开幕式

本报上海10月12日电 第三届全国农民运动会今天下午在上海虹口体育场举行了隆重的开幕式。代表党中央、国务院专程前来参加农运会的中央政治局委员、书记处书记、国务院副总理姜春云(Jiāng Chūnyún)宣布大会开幕。

全国30个省市的农民运动员依次进入会场。1800多名运动员将参加13个项目的比赛和表演。

今年最后一项国际乒乓球大赛落幕
中国选手获全部四项冠军

在今天落幕的1996年国际乒联职业巡回赛中,我国乒乓球选手在天津人民体育馆众多观众的加油声(jiāyóu shēng)中,一举夺下全部四项冠军。

今天下午进行的男子单打决赛争夺得十分激烈,世界冠军孔令辉迎战(yíngzhàn)欧洲乒坛未来之星的萨姆索诺夫(Sàmǔsuǒnuòfū),结果以3∶1击败了强硬的对手。女子双打决赛中,中国队邓亚萍和杨影(Yáng Yǐng)第一局以17∶21失利,随后三局以21∶12、21∶16、21∶12取得最后胜利。男子双打和女子单打冠军于昨天下午产生。中国队一对男双新秀(xīnxiù)王励勤(Wáng Lìqín)和阎森(Yán Sēn)夺冠。女单前四名皆为中国选手,邓亚萍李菊(Lǐ Jú)分获冠亚军。

13 卫生

中国人健康指标接近发达国家水平

我国人民的一些主要健康指标已高于发展中国家水平,接近发达国家水平。据联合国儿童基金会(Liánhéguó Értóng Jījīnhuì)主编的《世界儿童状况》对中、苏、美、日、印等11国统计,我国的平均期望寿命为70岁,周岁以下儿童死亡率是31‰,5岁以下儿童死亡率为43‰,在11国中分别居第六、第七和第八位,以较低的卫生投入取得了较高的卫生水平。据1989年统计,我国千人口医院床位已达2.33张、医师1.44人、护士0.84人;每人年诊疗次数为2.25次,对儿童和孕产妇逐步开展了系统的保健工作,计划免疫接种率普及到85%的县份。

中国针灸走向世界

……

如何使中医真正走向世界,是摆在中医界面前的严肃课题(kètí)。一位参加世界针灸联合会第四次代表大会的中医专家告诉记者:他们对治疗偏瘫(piāntān)等疑难杂症(yínán zázhèng)很有一套做法,效果也很显著,就是苦于不会外语,难以与外界取得真正的交流。看来,要使中国传统中医走向世界,不仅需要卫生部门的推动,中医工作者也应大力提高自身的综合素质。

14 人口和人口政策

全球人口前景依然严峻

本报联合国5月29日电 联合国人口基金今天发表了1996年度《世界人口状况报告》。报告提醒人们：全球人口发展的前景依然十分严峻。

报告显示，目前世界人口的增长速度虽然有所减慢，但仍然很高，每年增加8600万人。到1996年年中，世界人口将达58亿。在2015年以前，世界人口还会保持每年8600万人以上的增长。预计到1998年，世界人口将达60亿。

展望今后20年，取决于各国的人口政策和采取的行动。在最理想的情况下，世界人口到2015年也会达到71亿，如果不能有效控制人口增长，世界人口会达到78亿。

提倡晚婚晚育是明智之举

如何缓解本世纪最后十年人口增长过快的态势，确保"八五"人口计划、十年人口规划的落实，我认为提倡晚婚晚育是明智之举。

1920年，日本15－19岁年龄组中已婚妇女占17.7％，20－24岁年龄组中占68.6％，到1955年这两个年龄组的已婚妇女比例分别下降到1.8％和33.5％。1955和1956年日本人口出生率为19.4‰和18.4‰，比20年代年均出生率35‰下降近一半。日本人口发展的变化证明，育龄妇女婚龄推迟对降低人口出生率举足轻重。我国专家预计，只要全国妇女平均初婚初育年龄在"八五"期间推迟半岁，到本世纪末，全国就可以少出生600多万人。

15 环境保护

林木护卫(hùwèi)京城 首都风沙减少

本报讯 北京市有林面积突破1000万亩大关,达到1025亩,林木覆盖率上升到36.26%。

60年代,北京每年大风日数26.9天,扬沙日数为17.2天。而1971年至1978年,平均每年的大风日数和扬沙日数分别增加到36.6天和20.5天。进入80年代,平均每天的大风日数和扬沙日数分别降到18.2天和2.34天。北京的生态环境质量开始向良性转化,有较大的改善。

环保与政绩

什么是真正的政绩(zhèngjì)？重要的一点就是能正确处理经济发展和环境保护的关系,实现经济、环保与社会的协调发展。据悉,河南省明确提出：今后考核(kǎohé)地方干部政绩重点要看两条,一是经济上去了没有,二是污染下去了没有。如果污染总量没有按规定下去,有关领导不能提拔(tíbá),有关企业不能评优。愿更多的地方能"以环保论(lùn)英雄"。

16 国际

世界人民都希望和平与发展

江泽民[在会见马耳他(Mǎ'ěrtā 말타 공화국)客人时]指出,如果各国都能以和平共处五项原则来处理相互关系,世界上许多冲突都可以得到避免和解决。

他[向客人]介绍了中国关于在和平共处五项原则基础之上建立国际政治、经济新秩序的主张,他说,处理国家之间的关系要根据和平共处五项原则,其中最重要的一点是互不干涉内政,由各国人民自己来决定自己的社会制度。不同的社会制度和意识形态不应影响国与国之间正常关系的发展。他说,世界人民都希望和平发展,这是当代的主要潮流。

朝鲜半岛问题四方会谈第三次正式会议开幕

据新华日内瓦10月21日电 朝鲜半岛问题四方会谈第三次正式会议21日上午在日内瓦国际会议中心开幕。

中国代表团团长钱永年大使,美国代表团团长卡特曼大使,朝鲜代表团团长、外交部副部长金桂冠以及韩国代表团团长朴健雨大使分别率团出席了会议。韩国作为本届会议轮值主席国主持会议。

美国、朝鲜和韩国代表团团长也分别发言,阐述了各自的原则立场和主张,均表示愿意加强合作,克服困难,为争取本次会谈取得进展而积极努力。瑞士外交部国务秘书凯伦贝格代表东道国到会并致词。

朝鲜半岛问题4方会谈的主要目的是讨论建立朝鲜半岛新的和平机制以取代停战机制,进而实现半岛和平。会谈首次和第二次正式会议分别于1997年12月和1998年3月在日内瓦举行。本次会议预定于25日结束。

17 因特网和信息社会

资讯加密群雄显神通

在网络世界中,生活各层面的活动都迅速透明化、抽象化;无论从隐私权、自由权或身份认证的角度来看,资讯加密技术都是最基本的要件。没有安全可靠的资讯,电子商务和电子政府完全行不通,网络世界永远跳不出聊天和广告的格局。但是资讯加密也是一把双刃剑,很容易成为犯罪的利器,严重妨碍治安单位对犯罪的防范、侦察和搜证。

网上结婚喜讯播全球

网际网络的发展越来越贴近人们的生活,在美国已经有产妇将自己的生产过程放到网页让人们分享,新加坡电脑局也创先例,以网络转播官方婚姻注册仪式,新人与世界各地的亲人都可以与他们共享结连理的温馨一刻。未来,人们从网际网络所分享到的,必定是更丰富多采的世界。

1 방문과 회담

찌앙 주석 아시아 4개국 순방, APEC에 참석

신화사 베이징 11월 19일 전송 외교부 대변인은 오늘 기자회견석상에서 찌앙저민 국가 주석이 오는 11월 26일부터 12월5일까지 필리핀, 인도, 파키스탄 그리고 네팔 등 4개국을 국빈방문 할 것이라고 밝혔다. 그 직전, 찌앙저민 주석은 11월 24일에서 25일까지 필리핀에서 거행되는 APEC 지도자 제4차 비공식회의에 참석하게 될 것이다. 대변인은 찌앙저민 주석의 아시아 4국 순방은 이들 4개국 원수들에 대한 답방으로, 중국과 필리핀, 중국과 인도는 수교 이래 처음 진행되는 첫 번째 상호방문이기도 하다. 방문 기간동안 찌앙 주석과 4개국 지도자들은 회담과 회견을 진행하면서 양국관계와 공동으로 관심을 갖고 있는 국제와 지역 문제에 대해 광범위하고 깊이 있게 의견을 교환할 예정이다. 우리들은, 찌앙 주석의 방문이 중국과 4개국간의 관계에 있어 중요한 역사적 의의를 가지며 아시아 지역, 나아가서는 세계 평화와 안정에도 긍정적인 영향을 끼치게 될 것이라고 믿는다.

리펑 총리, 일본 시사사 사장과 회견

본사 베이징발 12월4일 소식 오늘 오후, 국무원의 리펑 총리는 인민대회당에서 무라카미를 단장으로 하는 일본 시사사 대표단을 접견하는 자리에서, 무라카미 사장의 이번 방문이 중국에 대한 이해를 높이고 시사사와 신화사의 우호적인 협력과 업무교류를 강화하는 기회가 되기를 희망한다고 밝혔다. 접견하는 자리에서 리펑 총리는 중일관계 등에 대한 무라카미의 질문에 답변했다. 일본 시사사 대표단은 신화사의 요청으로 중국을 방문하고 있다. 신화사 사장 꾸오차오런, 국무원 대외판공실 부주임 뤼총민이 접견에 동석했다.

2 회의

중화인민공화국 주석령 제19호

"중화인민공화국 직업교육법"은 중화인민공화국 제8기 전국인민대표대회 상무위원회 제19차 회의를 통해 1996년 5월15일 통과되었기에 공포하는 바로 1996년 9월1일부로 법적 효력이 발생한다.

중화인민 공화국 주석 찌앙저민
1996년 5월 15일

전국 정치협의회는 오늘 오전 인민대회당에서 쑨쫑산 선생의 탄생 130주년 기념대회를 성대하게 거행했다. 중국 공산당 중앙총서기 겸 국가주석인 찌앙저민은 대회에서 중요한 연설을 했다. 찌앙저민, 리뢰이환, 쭈롱지, 롱이런 등 당과 국가 지도자들이 회의에 참석했으며, 대회가 시작되기 전 쑨쫑산 선생의 친족과 해외 내빈들을 따뜻하게 맞는 한편 그들과 기념

촬영을 했다. 기념대회는 중국공산당 중앙정치국상무위원이며 전국 정치협의회 주석인 리뢰이환이 주재했다. 허루리 중국국민당 혁명 중앙위원회 주석과 차이즈민 타이완 민주동맹 중앙위원회 주석은 중국국민당 혁명 중앙위원회와 각 민주당파, 전국공상연합, 비당파 대표, 각 인민 단체를 각각 대표하며 기념대회에서 연설을 했다. 이밖에 오늘 기념대회에 출석한 사람들은 다음과 같다. 중앙 직속기관과 국무원 각 부처 및 위원회의 관련 책임자 동지, 중앙군사위원회와 해방군 삼군 총사령부, 그리고 각군의 병과 책임자 동지, 베이징 시 당정군 책임자 동지, 각 민주당파, 비당파 민주인사와 전국공상연합 책임자, 쏜쫑산 선생의 친족과 타이완, 홍콩, 마카오 동포들, 해외교포와 국외인사들 그리고 베이징의 각계 인사들 등 만여 명이다.

3 정치

챠오스 전인대 상무위원장 미국기자의 인터뷰에 응하다 (부분 녹취)

문: 전국인민대표대회와 중국공산당의 관계는 어떠한 것인가?

답: 중국공산당은 사회주의 사업을 영도하는 핵심이다. 국가기관들은 당의 영도 아래 일을 하고 있다. 전국인민대표대회와 상무위원회는 당의 영도 아래, 법에 의거하여 직권을 행사하고 일을 추진하며 당의 노선, 방침, 정책 등을 관철시키기 위해 노력하면서 최선을 다해 전국의 국민들을 위해 봉사하고 있다. 당은 국가기관들을 영도하지만 국가기관의 업무를 대신하지는 않는다. 당의 영도는 주로 정치, 사상, 조직 분야의 영도이다. 당의 국가 업무에 대한 영도는 주로 정치원칙, 정치방향, 중대한 결정사안 등에 대한 것과 국가기관에 주요 간부들을 추천하는 것들이 해당된다. 국가업무상의 중요한 결정사안과 관련된 당조직의 일들은 모두 인민대표대회와 인민대표대회 상무위원회에서 결정한 사항에 의거해야 하며, 모두 인민대표대회 또는 인민대표대회 상무위원회를 거쳐 통과된 후 국가 정책으로 자리매김된다.

중국의 정치 경제 개혁은 함께 진행되고 있다

중국의 정치 경제 상황의 안정은 우리들로 하여금 금년들어 보다 과감한 개혁의 발걸음을 내딛도록 하고 있다. 중국의 정치체제 개혁은 경제체제 개혁과 함께 진행되고 있다. 이러한 정치체제 개혁은 중국의 국가적 상황에 부합되는 것임과 동시에 안정을 전제로 하고 있다. 우리는 각급 인민대표대회의 역할을 보다 적극적으로 발휘하고 중국공산당이 영도하는 다당협력과 정치협상제도를 견지, 강화함으로써 국민과 여론의 각급 정부에 대한 감독 역할이 보다 더 잘 발휘되도록 할 것이다.

4 통계

베이징 시민의 이혼율 상승

베이징 시민들 중 15세에서 19세, 20세에서 29세 사이의 두 개 연령층 인구비율이 5년 전에 비해 각각 1.77%와 5.76% 낮아졌다. 반면에 50세 이상의 인구비율은 높아져 1.14% 증가했다. 현재 배우자가 있는 인구는 총인구의 75.33%로 5년 전에 비해 3.13% 높아졌다. 그러나 배우자가 있는 젊은이들의 비율은 낮아지고 있고 배우자가 있는 노년층의 비율은 상승하고 있다. 조사에 의하면, 베이징 시민들의 이혼율은 1%로 5년 전에 비해 0.27% 상승했다. 연령별로 보면 50세 이하의 청년, 중년층의 이혼율이 급속히 높아지는 반면 50세 이상 인구의 이혼율은 감소추세를 나타내 5년 전에 비해 0.04% 떨어졌다. 최고의 이혼율을 보이고 있는 연령층은 30세에서 39세 사이로 5년 전의 40세에서 49세 사이의 연령층이었음을 고려해 볼 때 이혼 인구가 점점 젊어지고 있음을 알 수 있다.

수산품은 훌륭한 양식

전세계 수산품의 1950년 총 생산량은 겨우 2000만 톤에 불과했지만 60년대에는 5000만 톤의 단계로 올라섰고 현재는 1억 톤 수준에 도달해있다. 가장 기본적인 원인은 수산품에 대한 일반인들의 수요량 증가이다. 관련 자료의 소개에 의하면, 일본과 우리 나라 타이완 성의 매년 1인당 양식 평균 직접 소비량은 불과 90kg에 불과하지만, 수산품의 1인당 평균 소비량은 매우 높아서 일본의 경우는 80kg에 달하고 있다. 우리 나라는 건국 초기 불과 몇 년 동안, 수산량이 1949년의 40여 만 톤에서 1957년에는 312만 톤까지 증가했다. 1985년 이후, 우리 나라의 어업은 쾌속 발전의 새로운 시대로 접어들어 1990년부터는 수산품량이 세계 최고의 위치를 차지하게 되었다. 작년의 경우는 2517만 톤에 달해 전 세계 총생산량의 4분의 1을 점했는데, 이는 연평균 11.6%의 성장률로, 같은 기간 세계 평균 성장률은 2-3%에 불과했다.

우리 나라의 철강 생산 세계 1위
연생산량 1억 톤 돌파   생산품 판매율 약 99% 유지

본사 베이징발 12월 31일 전송 야금부의 리유치 장관은 오늘, 1996년 우리 나라 철강 생산이 1억 톤을 돌파해 세계 1위에 올라섰다고 발표했다. 이는 우리 나라 철강 공업 발전사에 새로운 이정표가 세워짐을 뜻한다. 소개에 의하면, 우리 나라는 1890년 짱쯔똥이 한양철강공장을 건립한 뒤 1948년까지의 거의 반세기 동안 철강의 총생산량은 불과 760만 톤에 불과했었다. 신중국이 들어서고 나서 8년 동안 전국의 철강 총생산은 535만 톤에 달했다. 1978년에서 "6차 5개년 계획"말기까지 철강 총생산량은 3178만 톤에서 4679만 톤으로 높아졌다. 80년대말부터 90년대까지, 우리 나라 철강공업의 발전은 보다 빨라졌다. 1989년 철강 생산량은 6000만 톤을 초과했고, 1991년에는 7000만 톤을 초과했다. 1992년에는 8000만 톤을 초과했으며 1994년에는 9000만 톤을 초과했다. 더욱 기쁜 것은 수량상의 급속한 증가와 함께 우리 나라 철강 공업의 구조에도 역시 커다란 변화가 일었다는 점이다. 공예 기술이 낙후

된 '평로강'의 비중이 1996년에는 불과 12%로 건국 초기에 비해 67%나 줄어든 것이다. '전로강'은 1996년에 70%에 달해 건국 초기보다 69%나 비율이 높아졌다. ……현재, 우리 나라 철강 재료의 자급율은 88%에 달하며 생산제품의 판매율은 약 99%에 달하고 있다.

5 경제

"런민르빠오" 논설

큰 방향을 유지하며 계속 전진하자

금년은 "9차 5개년 계획"의 첫 해이다. 전체 경제 형세는 좋은 방향으로 계속 발전하고 있다. 두드러진 상황들은 다음과 같다.

빠른 경제 성장이 지속되는 가운데 통화팽창을 효과적으로 억제하고 있다. 전체 사회의 공급과 수요는 기본적으로 평형을 유지함으로써, 거시경제 환경은 보다 개선되었다. 개혁과 개방이 부단히 심화됨으로써 경제와 사회가 조화롭게 발전하고 있다. 이미 얻어진 성적에 대해서는 만족스럽다는 평가를 내려야 한다. 동시에 현재의 경제 생활 속에 존재하는 모순과 문제 역시 가볍게 여길 수 없다. 새로운 1년 동안, 우리가 떵샤오핑의 중국적 특색의 사회주의 건설 이론과 당의 기본 노선을 견지하고, 찌앙저민 동지를 중심으로 한 당 중앙 조직들과 긴밀하게 단결해 가면서 정신을 가다듬고 착실히 업무를 추진해 간다면, 개혁과 발전의 각종 사업들을 지속적으로 발전시켜 나갈 수 있을 것이다.

현재, 우리 나라의 사회는 안정되어 있고 국민경제는 지속적으로 빠르고 건강하게 발전하고 있으며, 사회주의 시장 경제 체제의 건립을 둘러싼 여러 개혁들이 새로운 진전을 보이고 있다. 우리 나라는 각국과의 경제, 무역, 과학기술, 문화 등 여러 영역에서 협력과 교류를 점차 확대하고 있다. 우리 나라의 종합적인 국력은 현저하게 강해지고 있다. 경제 건설을 진행함과 동시에 우리는 사회주의 정신문명의 건설도 중시, 우리 나라의 경제와 사회가 건강하게 발전할 수 있도록 커다란 지지와 신뢰를 보내고자 한다.

단신

개발도상국들의 경제 올해에도 계속 유지 발전

1996년, 개발도상국들의 경제는 4.5% 증가할 것인데, 그 중 중국의 경제는 9% 성장할 것이다. 이와 동시에, 공업 선진국들의 경제 성장률은 2.2%가 될 것이다. 이는 UN 무역과 발전회의의 연간 보고서가 낸 예측 수치이다.

6 공업

우리 나라 원유 연간 생산량 1억5천만 톤 돌파

국가가 제시한 2000년 원유 생산 목표량을 앞서 실현시켜 중국 석유천연가스사의 통계 자료에 의하면, 12월 14일까지 우리 나라 원유 생산량이 1억 5천만 톤에 달했다. 이는 1978년에 이은 또 한번의 높은 단계로의 도약이다. 1965년, 따칭 유전이 개발되면서 우리 나라의 원유 연생산량은 1000만 톤에 달해 원유의 기본적인 자급자족이 실현되었다. 1978년의 산유량은 1억 톤에 달해 우리 나라로 하여금 세계 산유대국의 행렬에 들어서도록 했다. "7차 5개년 계획"과 "8차 5개년 계획" 기간 동안 육상 석유공업은 유전탐지와 개발이 점점 어려워지는 상황에서도 "동부는 안정, 서부는 개발"이라는 전략을 실행해 원유 생산량이 해마다 안정된 상태에서 증가했다. 해양 석유개발 역시 해마다 호전되고 있어 전국 원유 생산이 드디어 금년에 1억5000만 톤의 관문을 통과하게 되었다. 올해 전체로 볼 때 1억 5500만 톤을 초과할 것으로 예상되어, 국가가 제시한 2000년 원유 생산 목표량을 앞당겨 실현시키게 될 것이다.

경제 효율의 제고를 최우선 순위에 두어야

현재의 경제 시스템 운영에서 빚어지는 문제들을 해결하기 위해서는, 경제 효율의 제고를 최우선 순위에 두어야 하며 대기업과 중형기업들을 살려야 한다. 단순히 생산액과 속도만을 추구하는 경향은 극복되어야 하며 속도와 효율을 통일시켜야 한다는 관념을 견고히 수립해야 한다. 수십년의 경험은, 단순히 속도만을 추구해 가는 것이 얼마나 많은 해를 끼쳤는가를 증명하고 있다. '2배 증가'가 전략적 임무이긴 하지만, 경제 효율을 높인다는 것이 전제다. 기술 개조는 신상품 개발, 설비와 가공 기술 개선, 에너지와 원자재 절약을 중심으로 해야 하고, 상품의 질을 개선하고 경제 효율을 높이는 것을 목적으로 해야 한다. 기업들의 자기구조 개선을 강화하기 위해서는 감독 책임 부서와 지방 정부들이 행정 간섭을 줄여야 한다.

7 농업

농업을 발전시키려면 과학 기술을 최우선에 두어야

우리 나라 농업은 다음의 두 마디로 요약할 수 있을 것이다. 하나는 건국 이후, 특히 개혁개방 이후, 우리 나라 농업은 커다란 발전을 해, 우리 나라가 세계 경작지 중 7%의 면적으로 세계 인구의 22%를 먹여 살린 것으로, 이는 대단히 놀라운 성과이다. 다른 하나는 우리 나라의 농업 발전은 여전히 더뎌 국민경제와 국민 생활의 날로 늘어가는 수요가 서로 조화를 이루지 못하고 있다. 우리 나라의 71.1% 이상의 인구가 농업과 경작에 종사하며 밥을 먹고 있다는 사실은 우리 나라 농업의 집약화와 현대화 수준이 매우 낮다는 점을 설명하고 있다. 농업을 발전시킬 수 있는 희망은 과학 기술에 있으며 잠재력도 과학 기술에 있고, 출로도 과학 기술에 있기 때문에 농업을 발전시키기 위해서는 과학 기술을 최우선에 두어야 한다.

농촌, 도시인들의 부러움을 사다

강남의 우시 현의 농촌 개혁 이후 가장 두드러진 변화는 마을마다 공장을 세우기 시작했다는 것이다. 전체 현의 60% 이상의 노동력이 농촌 공장에서 일을 하고 있다. 전체 현의 농민들이 집체 기업에서 벌어들이는 1년 평균 수입은 1000원이다. 여기에는 '농민이 업종전환' 문제는 존재하지 않는다. 도시에 사는 사람들은 점차 농촌 주민들의 생활을 부러워하기 시작했다. 우시 현에서는, 향촌 공업의 발전이 중국의 농촌에서 지속적으로 실시한 '가정단위별 생산 책임제' 이후, 또 한번의 역사적 발전이라는 점을 분명하게 볼 수 있다. 우시 현 농촌의 공업과 농업 총생산액 중, 공업의 비중은 이미 95%를 넘어서, 1990년의 농촌 공업 총생산액이 101억8백만 원이 되었는데, 국가에 4억 원의 세금을 내, 우리 나라 농촌 공업과 농촌 공업 재정 수입 1위의 덩치 큰 현이 되었다. 최근 10년간 우시 현의 농촌은 자신들의 이윤 중 6억여 원의 자금을 농업에 지원했다. 건국 초기, 우시 현의 양식 생산량은 2억5000만kg 정도였다가, 80년대 초에는 4억5000만kg까지 늘었다. 이후 10년 동안, 양식 생산량은 5억kg을 돌파해 매년 국가에 1억5000만kg의 판매 양곡을 제공하고 있다.

8 교통 · 우편 · 통신

창춘, 쓰핑 간 고속도로 완공, 차량 통행

국경일이 다가오는 이 시기에 창춘, 쓰핑 간 고속도로가 9월 19일에 완공되어 차량이 통행하게 되었다. 고속도로의 총 연장 길이는 133km로, 양 방향 4개 차선이며 주변은 출입금지이고, 인터체인지가 설치되어 있다. 제한 속도는 시속 120km이다.

신찌앙 광케이블 통신 선로 개통

신찌앙의 광케이블 통신 선로가 11월 29일 개통 사용되면서 이미 건설되어 있는 아시아 유럽간 광케이블의 신찌앙 구간 및 23개의 지역, 자치구 그리고 현까지 연결된 광케이블과 연결되게 되었다. 이로 인해 신찌앙의 광케이블 통신 선로는 전체 길이가 7600여 km에 이르게 되었다. 4억1700만 원을 투자해 완공한 광케이블 선로는 곧 3만8000회선의 장거리 전화선을 제공하게 될 것이다.

도로 운송, 주목할 만한 성과를 얻다

전국 도로 총 연장 길이 100만km 80% 이상의 행정 지역 농촌에 자동차 통행 가능

여객 운송의 83.9%, 화물 운송의 74.3%를 담당하고 있는 도로 운수업은 우리 나라 교통 운송의 최대 직업 분야가 되있다. 현재 우리 나라의 도로 길이는 이미 102만8300km로 늘어 전국 행정 지역 농촌의 80% 이상을 차로 다닐 수 있게 되었다. 1990년에 민간이 보유하고 있는 자동차 대수는 모두 557만 대이다. 그 중 화물차는 373만1000대, 여객 운송용 차량은 177만6000대로 건국 초기에 비하면 100배 이상이 증가되었다. 당의 제11기 중앙위원회 제3차 회의 이후, 우리 나라의 도로 운송은 여러 종류의 경제 상황이 공동 발전하게 되는 새로운 국면을 형성해 왔다. 여객과 화물 도로 운송량이 각종 운송 방식 중에서 차지하는 비중은 해마다 높아져, 1990년의 경우, 여객 운송량은 이미 연인원 66억 명, 여객들의 이동 거리는 2600억km에 달하며, 화물 운송량은 71억9000톤, 톤당 이동 거리는 3441km나 되 장기간 곤란을 초래했던 화물운송난, 승차난 등의 어려움이 해소되고 있다.

9 상업

농민들은 무엇을 사고 싶은가?

배고픔을 해결하고 중산층의 생활 수준으로 발돋움하고 있는 농민들은, 지금은 뭔가를 사고 사지 못하는 시대가 아니라 무엇을 다시 사야하는 지를 모르는 시대라고 말하고 있다. 리야닝 성 번씨 시의 농민은 기자에게, 그와 그의 딸 집에는 컬러 TV, 냉장고, 오토바이..... 등 거의 없는 것이 없을 정도라 다음에는 무엇을 다시 사야 좋을 지 모르겠다고 말했다. 그들은 70년대는 시계, 자전거, 재봉틀 등 이른바 '3대 생활 물품'이 있었고, 80년대에는 새로운 '3대 생활 물품' 즉 TV, 냉장고, 세탁기 등이 있었으나, 90년대에는 아직 좀더 새로운 '3대 생활 물품'이 등장하지 않아 농민들의 소비욕구를 자극하지 못하고 있다고 말했다. 별로 살 것이 없기 때문에 일부 부유해진 농민들은 돈을 은행에 저축하는 수밖에 없는 형편이다. 리야닝의 비교적 빈곤한 현의 경우, 금년 1월달에서 9월달까지 저축액이 작년 같은 기간에 비해 2870만원 증가했다. 농촌 시장을 개척하고 공상기업들이 진정으로 농촌에 깊이 들어가 농민의 수요를 이해해야 한다. 이렇게 해야 부유해진 농민들이 "별로 살 것이 없어 고민하는"상황에 이르지 않을 것이다.

풍성한 장바구니로 수요 공급의 상황을 보다

며칠 전 기자는 농업기관으로부터 올해 전국의 식용 조류, 육류, 알, 젖류, 수산품, 과일과 채소 등이 골고루 풍년이라 '장바구니 물가'를 좌우하는 물품들의 공급이 안정되게 증가하고 있으며 생산과 판매가 모두 활발하다는 소식을 접했다.
'장바구니 물가'를 좌우하는 물품들의 발전과 시장으로의 공급 개선은 통화팽창의 억제를 목표로 하는 거시경제 조절을 실현시키는데 크게 공헌했다. 올해 3/4분기까지 식품류의 가격은 작년 같은 기간에 비해 8.6% 오르는데 그쳐 오름세 폭이 20.2% 줄어들어, 전체 가격 수준이 7.8% 떨어지는 작용을 했다. 다시 말하면, 같은 기간 하락한 10%의 전체 상품의 소매가격 수준 중에서 4분의 3은 식품 가격 하락의 공로이다. 이러한 상황은 '장바구니 프로그램'의 실시가 확실히 안정된 공급을 보장하고 물가를 안정시키는 역할을 했음을 잘 보여주고 있다.

10 대외경제 무역 협력

인민폐 환율표

(중국인민은행 공시)

외화명칭	집중기준율
100 달러	830.13
100 엔	7.3271
100 홍콩달러	107.37

(신화사 베이징발 1996년 12월 5일 전송)

세계은행, 중국경제 상황 좋은 것으로 발표

신화사 워싱톤발 5월29일 전송 세계은행은 28일 중국에 관한 전문 분석서를 발표하면서, 1996년 중국의 경제발전 상황은 대단히 양호하지만 고속성장과 낮은 통화팽창률의 경제성장을 유지하기 위해서는 개혁을 심화시켜야 할 것이라고 밝혔다. 리포트는, 1995년 중국이 통화팽창률을 성공적으로 15% 이하로 떨어뜨렸을 뿐 아니라 경제 성장률을 10% 이상 유지하도록 했다고 밝혔다. 또 직접적인 해외투자 유치액이 380억 달러에 달하고 외환보유고는 730억 달러를 넘었다고 밝혔다. 세계은행의 리포트는, 1996년 중국은 통화팽창률을 10% 이하로 떨어뜨리고 경제성장속도는 8%에서 9%를 유지하기 위해 최선의 노력을 기울이고 있으며, 현재 상황은 양호한 편이라고 분석하고 있다. 세계은행은, 중국이 고속 경제성장을 유지하는 상황에서 통화팽창을 야기시키지 않기 위해서는, 국영기업과 금융부문의 시장경제 전환을 촉진시켜야 하고, 정부의 재정지출이 예를 들면 의료위생, 교육, 빈곤퇴치, 기초적인 사회간접자본 시설의 건설, 환경보호 등 이른바 우선 항목으로 기울어지고 있는 상황을 예의 주시해야 한다고 판단하고 있다.

11 교육 · 과학기술 · 문화

'희망 프로그램', 시짱에서 결실을 맺어

시짱 청소년발전기금회 비서장은 기자에게, '희망 프로그램'이 시짱에서 실시된 지 4년여 동안 3000만 원 이상의 자금이 모금되어 100여 곳의 '희망 초등학교'를 세웠다고 밝혔다. 그 동안 투입된 구제 자금은 약 3000만 원에 달하며 7000여 명의 미취학 아동의 학업을 가능

케 했다. 현재, 8000여 명의 학생들이 이미 세워진 '희망 초등학교'에서 공부를 하고 있다. '희망 프로그램'은 시짱 농촌 기초교육의 발전을 촉진시켰을 뿐만 아니라 시짱 전체 지역에서 사회주의 정신문명 건설을 강화하는 데도 커다란 영향을 미쳤다.

'8차 5개년 계획'

'8차 5개년 계획'의 과학기술 난관돌파 계획이 무난하게 완성되어 그 동안 직접적 경제이익 600억 원을 얻었다. 5년여 동안 10만여 명의 과학기술 대군이 협력하고 단결한 결과 6만여 건의 과학기술 성과를 얻었는데, 국제선진국 수준에 달한 것은 35%, 국내 최고수준에 달한 것은 36%에 달했다. 또 새로운 상품, 새로운 가공 기술도 5000 케이스에 달하고 신소재도 3000 종류에 이른다. 난관돌파 계획에서 얻어진 대부분의 성과는 이미 현재 진행중인 경제건설에 적용되고 있어 우리 나라 물질문명과 정신문명 건설에 지대한 공헌을 하고 있다.

문예계 일부 인사, 중앙위원회 제6차 회의에서 결의정신에 대해 좌담회 진행
문예 업무 인사들, "인류의 영혼을 다루는 기술자" 역할을 잘 담당해야

오늘 개최된 문예계 유명 인사들의 '14기 중앙위원회 제6차 회의 정신의 학습과 관철' 좌담회에서, 회의에 참석한 작가, 예술가들은 중앙위원회 제6차 회의는 사회주의 문예의 번영을 위해 방향을 명확히 제시했으므로 문예 업무 종사자들은 "결의"의 내용대로 "인류의 영혼을 다루는 기술자"가 되어 훌륭한 정신적 양식을 국민들에게 제공해야 할 것이라고 밝혔다. 회의 참석자들은 문예계의 성과와 훌륭한 분위기를 대단히 긍정적으로 평가하는 한편, "2가지를 위한" 방향에 대한 냉담한 태도, 군중노선을 멀리 벗어난 태도, 부패적 문예사조를 추종하는 태도, "모든 것은 돈으로" 생각하는 경향 등에 대해서는 비판을 제기했다.

12 체육

제3차 전국 농민 체육대회 상하이 개막
찌앙촌원, 당중앙과 국무원을 대표해 개막식에 참석

본사 상하이발 10월 12일 전송 제3차 전국 농민 체육대회가 오늘 오후 상하이 홍커우 스터디움에서 성대하게 개막되었다. 당중앙과 국무원을 대표해 몸소 체육대회에 참가한 중앙정치국위원이면서 서기처 서기, 국무원 부총리인 찌앙촌원이 대회의 개막을 선포했다. 전국 30개 성과 시의 농민 선수들은 차례로 스터디움에 입장했다. 1800여 명의 선수들은 13개 항목의 시합과 공연에 참석하게 된다.

短文 翻译

올해 마지막의 국제 탁구시합 폐막
중국 선수들, 4개 항목 모두 금메달 석권

오늘 폐막된 1996년 국제 탁구연맹 프로 투어 경기에서 우리 나라의 탁구 선수들은 티엔진 인민체육관의 수많은 관중들의 응원에 힘입어 4개의 전종목 우승을 거머쥐었다. 오늘 오후 진행된 남자 단식 결승전은 치열한 공방이 벌어졌는데, 세계 챔피언 콩링훼이가 유럽 탁구계 떠오르는 스타인 강력한 라이벌 삼소노푸를 맞아 결국 3:1로 격파시켰다. 여자 복식 결승에서는 중국팀의 떵야핑, 양잉 조가 첫 세트에서 17:21로 졌으나 그후 세 세트를 21:12, 21:16, 21:12로 내리 이기면서 결국 승리를 얻어냈다. 남자 복식과 여자 단식 우승자는 어제 오후 탄생했다. 중국 남자 복식팀의 떠오르는 스타 왕리친과 이엔썬이 우승을 했다. 여자 단식 4강은 모두 중국 선수이며, 떵야핑과 리쥐가 각각 우승과 준우승을 차지했다.

13 위생

중국인의 건강지표, 선진국 수준에 접근

우리 나라 국민들의 몇몇 건강 지표가 개발도상국 수준을 넘어서서 선진국 수준에까지 접근했다. UN의 아동기금회가 펴낸 "세계아동상황"의 중국, 러시아, 미국, 일본, 인도에 대한 통계에 의하면, 우리 나라의 평균 기대수명은 70세, 한돌 이하의 영아사망률은 3.1‰, 5세 이하 아동 사망률은 4.3‰로 11개국 중에서 각각 6위, 7위, 8위를 기록하는 등, 비교적 적은 보건예산을 투입해 비교적 높은 보건위생 수준을 달성했다. 1989년 통계에 의하면, 우리 나라 1000명 당 병, 의원 병상 수는 2.33개, 의사는 1.44명, 간호사는 0.84명 등이다. 1인당 연 진료횟수는 2.25번이며, 아동과 임산부에게는 점차 체계적인 보건위생 서비스를 제공하고 있고 계획에 의한 면역접종은 85%로 현급 지역에까지 보급되고 있다.

중국의 침술 세계를 향해서

중국의 의학을 어떻게 하면 세계로 뻗어가도록 할 수 있을까 하는 것은 현재 중국 전통 한의학계 앞에 놓여진 심각한 과제이다. 세계 침술연합회 제4차 대표대회에 참석했던 한 한의전문가는 기자에게, 자신들은 반신불수 등 원인불명의 질병 치료에 대해 나름대로의 뛰어난 치료법을 가지고 있고 효과도 대단히 뛰어나지만 외국어 구사의 어려움 때문에 해외 전문가들과 진정한 교류를 하지 못하고 있다고 밝혔다. 이렇게 본다면, 중국의 전통 한의가 세계를 향해 나갈 수 있도록 하기 위해서는 보건위생 기관들의 적극적 도움도 필요하지만 한의학 전문가들 역시 자신들의 여러 방면의 능력을 크게 힘써야 할 것으로 보인다.

14 인구와 인구정책

전세계의 인구 문제 여전히 심각해

본사 UN발 5월 29일 전송 UN 인구기금은 오늘 1996년도 "세계인구상황 보고서"를 발표했다. 보고서는 전세계 인구 발전의 앞날이 대단히 심각하다는 점을 일깨우고 있다. 보고서는 현재 세계인구의 증가속도가 점차 느려지고는 있으나 여전히 높은 편으로 매년 86만 명이 증가하고 있다고 밝혔다. 1996년 안에 세계의 인구는 58억에 육박할 것이다. 2015년 이전까지 세계 인구는 계속해서 매년 8600만 명 이상 증가할 것이다. 1998년에는 세계인구가 60억에 달할 것으로 예측되고 있다. 향후 20년을 전망해 볼 때 관건은 각국의 인구정책과 취해나갈 행동에 달려 있다. 가장 이상적인 상황이라면 세계 인구가 2015년에도 71억 정도에 이르는 겠지만 만일 효과적으로 인구증가를 조절하지 못할 경우 세계인구는 78억에 이르게 될 것이다.

'결혼과 출산 늦추기'의 장려는 현명한 판단

어떻게 하면 20세기 마지막 10년 간 인구 성장의 과도한 증가추세를 늦출것인가, '8차 5개년 인구계획'을 차질없이 이행하여 10년 인구계획을 실현할 수 있을 것인가에 대해, '결혼과 출산 늦추기'를 장려하는 것이 현명한 판단으로 보인다. 1920년, 일본의 15세에서 19세까지의 연령층 중 결혼한 여성의 비율은 17.7%, 20세에서 24세까지의 연령층 중 결혼한 여성의 비율은 68.6%를 차지했다. 1955년에 이르러 이 두 연령층의 결혼 여성 비율은 각각 1.8%와 33.5%로 떨어졌다. 1955년과 1956년 일본의 인구출생률은 1.94‰와 1.84‰로, 20년대의 연평균 출산율 35‰에 비해 거의 절반 가량 떨어졌다. 일본의 인구발전 변화는 가임여성들이 결혼시기를 늦추는 것이 인구 출생률에 크게 영향을 준다는 사실을 증명하고 있다. 우리 나라의 전문가들은, 전국 부녀자들의 평균 초혼과 초산 연령을 '8차 5개년 계획' 기간 동안 6개월만 늦추어도 금세기 말까지 전국적으로는 적어도 600만 명이 적게 태어날 것이라고 예측하고 있다.

15 환경보호

수목들 베이징 시를 보호   수도에는 모래 바람 적어져

본사 소식 베이징 시의 삼림 면적이 1000만 畝의 관문을 돌파하고 1025 畝에 달해, 삼림 면적 비율이 36.26%로 높아졌다. 60년대에는 베이징에 연평균 26.9일 큰 바람이 불었고, 17.2일 모래가 일었었다. 그러나 1971년부터 1978년까지는 연평균 바람 부는 날과 모래가 날리는 날이 각각 36.6일과 20.5일로 늘었었다. 그 후 80년대에 들어서면서 연평균 바람 부는 날과 모래가 날리는 날이 각각 18.2일과 2.34일로 떨어졌다. 이로써 베이징 생태환경의 질은 점차 양호하게 변하면서 비교적 커다란 개선을 보이고 있다.

短文 翻译

환경 보호와 정치 업적

무엇이 진정한 정치 업적일까? 중요한 점은 경제발전과 환경보호의 관계를 정확하게 처리하여 경제와 환경, 그리고 사회의 조화로운 발전을 실현하는 것이다.

알려진 바에 의하면, 허난성은 앞으로 지방 간부의 정치 업적의 중점을 살필 때 두 가지, 즉 첫째, 경제가 발전했는가와 둘째, 오염이 감소했는가를 살피겠다는 점을 분명히 제시했다고 한다. 만일 오염의 총량이 규정만큼 감소하지 않았을 경우, 관련 상사들은 그를 등용할 수 없고 관련 기업들은 그에게 우수 평가를 내릴 수 없다. 더욱 많은 지방들이 "환경보호로 영웅을 논하는 원칙"을 활용할 수 있기를 바란다.

16 국제

세계의 국민들은 모두 평화와 발전을 원한다

찌앙저민은 (말타 외빈을 접견할 때), 만일 각국이 모두 평화공존의 5원칙으로 상호관계를 처리한다면 세계의 수많은 충돌들은 피할 수 있고 해결할 수 있을 것이라고 말했다. 그는 (외빈에게) 중국의 평화공존 5원칙 기초 위에서 국제정치와 경제의 새로운 질서를 세워나가고자 하는 주장을 소개했다. 그는 국가간의 관계를 처리할 때는 평화공존의 5원칙을 근거로 해야하며, 그 중에서 가장 중요한 점은 서로 내정을 간섭하지 않는 것으로 각국 국민들이 자기 스스로 자신의 사회제도를 결정해야한다고 말했다. 서로 다른 사회제도와 이데올로기가 나라와 나라 사이의 정상적인 관계의 발전에 영향을 주어서는 안된다. 그는 세계의 국민들은 모두 평화와 발전을 희망하고 있으며, 이것이 현대 사회의 핵심적 조류라고 말했다.

한반도 문제 4자 회담
제3차 정식회의 개막

신화사 제네바발 10월 21일 전송 한반도 문제를 다루는 4자 회담 제3차 정식회의가 21일 오전 제네바 국제회의센터에서 개막되었다. 중국대표단 단장 치엔용니엔 대사, 미국대표단 단장 카터만 대사, 북한대표단 단장 겸 외교부 부부장 김계관 그리고 한국대표단 단장 박건우 대사가 각각 대표단을 이끌고 회의에 출석했다. 순번에 의해 한국이 이번 회의의 주석국가가 되어 회의를 주재했다.

......
미국, 북한, 한국의 대표단 단장들은 각각 발언을 통해 각자의 원칙적 입장과 주장을 밝히면서 모두 협력을 강화하고 어려움을 극복하면서 본 회담이 진전을 얻기 위해 적극 노력할 것임을 표했다. 스위스 외교부의 국무비서인 카이론 베이커는 주최국을 대표하여 회의에 참석하는 한편 연설을 했다. 한반도 문제를 다루는 4자 회담의 주요 목적은, 한반도에

정전체제를 대체할 수 있는 새로운 평화체제를 구축하고 나아가 한반도의 평화를 실현할 수 있는 방안을 토론하는 데 있다. 회담의 첫 번째 두 번째 정식 회의는 각각 1997년 12월과 1998년 3월에 제네바에서 거행되었다. 금번의 회의는 25일 끝날 예정이다.

17 인터넷과 정보화 사회

인터넷 세계 속에서, 각계 각층의 생활과 활동이 점차 빠르게 투명화, 추상화 되어가고 있다. 프라이버시, 자유권 혹은 신분 증명 등의 각도에서 볼 때, 정보의 비밀보안 기술들은 모두 가장 기본적인 요건이 되고 있다. 안전성과 신뢰성이 있는 정보가 없는 한, 전자 비즈니스와 전자 정부란 전혀 불가능한 것으로, 인터넷 세계는 영원히 채팅과 광고의 테두리를 뛰어넘지 못할 것이다. 그러나 정보의 비밀보안 역시 칼의 양면날과 같아서 범죄에 대단히 유용한 무기로 악용될 수 있는데, 그럴 경우 치안 기관들의 범죄에 대한 방범과 감시, 그리고 증거 수집을 크게 방해하게 될 것이다.

인터넷의 발전은 점점 사람들의 생활과 밀접해지고 있어, 미국에서는 이미 산모가 자신의 분만 과정을 인터넷 홈페이지에 올려 다른 사람들과 함께 볼 수 있도록 하고 있고, 싱가폴 컴퓨터국도 최초로 금기를 깨고 인터넷을 통해 혼인의 법적 등록 의식을 중계하도록 해, 신랑 신부와 세계 각지의 친척들이 모두 함께 따뜻한 시간들을 나눌 수 있었다. 미래에 사람들이 인터넷을 통해 나눌 수 있는 것들은 보다 풍부하고 흥미로운 세계일 것임이 틀림없다.

편 역 자　　金经一
국민대학교 한문학과 졸업
중국문화대학 중문연구소(타이완) 박사
동경대학, 북경 사범대학 연수
University of Washington 아시아학과 방문학자
(현)상명대학교 중문학과 교수

저서 및 논문
중국문학사, 중국문화의 이해(2인 공저)
얼굴없는 중국, 중국인은 화가 날수록 웃는다
중국탐방, 한 권으로 읽는 사서삼경, 제대로 배우는 한자교실
공자가 죽어야 나라가 산다 등

중국 신문 쉽게 읽기

초판발행　2000년 1월 20일
1판 2쇄　2012년 4월 10일

저　　자　施光亨　王绍新
편 역 자　김경일
펴 낸 이　엄호열
펴 낸 곳　㈜시사중국어사
　　　　　　book.chinasisa.com
등록일자　1988년 2월 13일
등록번호　제1 - 657호
주　　소　서울 강남구 역삼동 826-28
내용문의　(02) 3676-0808　　**팩스**　(02) 3671 - 0530
구입문의　(02) 3671-0555
홈페이지　book.chinasisa.com
이 메 일　china@sisabook.com

* 이 교재의 내용을 사전 허가없이 전재하거나 복제할 경우 법적인 제재를
　받게 됨을 알려 드립니다.
* 잘못된 책은 구입하신 서점이나 본사에서 교환해 드립니다.
* 정가는 표지에 표시되어 있습니다.

일본동방서점과 독점 라이센스 출판
ⓒ 1988 施光亨　王绍新
「キイ・フレーズで学ぶ新聞中国語」

시사에듀케이션의 중국어 대표 사전

한글로 빠르고 쉽게 찾으세요!
시사 중국어 한자읽기사전

국내 최초 한글로 쉽게 찾습니다.
중국어 공부에 자신감이 생깁니다.
다음자(多音字) 한눈에 봅니다.

값 20,000원

혼동하기 쉬운 단어,
이 책 한 권으로 끝낸다!
北京大 유의어 비교사전

총 1,046개의 단어를 381개의
유사어와 혼용어로 묶고
각 단어에 10개 안팎의 예문을
수록하였습니다.

값 22,000원

중국어 시작부터
HSK 합격까지 쓰는 사전
더베스트 중한사전

평생 안 쓰는 단어는 빼고
공부에 꼭 필요한 단어만 모은
사전, 자세한 설명과 예문으로
학습자에게 딱 맞춤한 사전입니다.

값 30,000원

사전으로 단어장으로 사용하세요!
처음中國語사전

초보자에게는 사전으로,
중급 이상자들에게는 단어장으로,
5,000여 개의 어휘가 들어있는
쓸모 많은 미니 사전입니다.

값 6,000원

중국인들이 실제로 쓰는
회화문형, 구어표현
중국어 실제회화사전

5,000여 회화예문에서 한두 마디
회화, 비어, 속어, 속담, 성어 등
1,000여 개 구어표현과
회화문형까지 모두 정리!

값 12,000원

시사에듀케이션의
문법 굳히기 교재
핵심문법부터 HSK대비까지 거뜬하다!

새롭게 바뀐 출제경향에 딱 맞춘 新개념 HSK 어법서
김연희의 HSK 王道 어법
대한민국 1호 HSK 전문강사로서
수 년간의 현장수업과 경험을 바탕으로
HSK 철저히 해부!
값 22,500원

HSK 어법 부분은 이 책 한 권으로!
중국어포인트999
문법 사항을 순기초부터 고급까지
레벨 별로 분류, 필요에 따라 학습합니다.
HSK 유형 연습문제로 HSK준비도 거뜬!
값 18,000원

왜?라는 질문에 속 시원히 답해주는
중국어문법책
꼭 챙겨둘 문법요점만 착착 정리해 주는
내 입에 똑똑 떠먹여주는 정말 쉬운 설명
값 12,000원

남개대의 문법, 작문 완성 노하우
석세스중국어
기초 문법·작문
꼭 챙겨두어야 할 중국어 핵심 문법을
풍부한 예문과 설명 등으로 알기 쉽게
정리하여 초급 문법을 완성시킵니다.
값 8,000원

'한국인은 이런 거 잘 틀리더라'
중국어함정228
북경어언 두 교수가 실제 수업현장에서
뽑아낸 외국인들이 가장 많이 틀리는
어휘, 어법 완전 해결!
값 15,000원

300개의 퀴즈만 맞추면 문법 끝!
퀴즈퀴즈! 중국어문법
이 책의 OX퀴즈 300문제만 풀어보세요!
내 중국어 문법, 약점이 어딘지 알게 됩니다.
HSK시험 대비용으로도 좋습니다.
값 4,000원

중국어 중고급자들은 모두 봐야 하는 문법책
올인중국어문법
필수 문법사항 500여 개를 포함한 1,200여
개의 문법 사항을 정리했으며, 사전에 가까울
정도의 자세한 낱말이 붙어 있습니다.
값 32,000원